**ESCRITOS SOBRE O PERCURSO
DE FORMAÇÃO DE UM
PSICANALISTA EM DIÁLOGO
COM FREUD, FERENCZI E WINNICOTT**

Editora Appris Ltda.
1.ª Edição - Copyright© 2024 do autor
Direitos de Edição Reservados à Editora Appris Ltda.

Nenhuma parte desta obra poderá ser utilizada indevidamente, sem estar de acordo com a Lei nº 9.610/98. Se incorreções forem encontradas, serão de exclusiva responsabilidade de seus organizadores. Foi realizado o Depósito Legal na Fundação Biblioteca Nacional, de acordo com as Leis nos 10.994, de 14/12/2004, e 12.192, de 14/01/2010.

Catalogação na Fonte
Elaborado por: Dayanne Leal Souza
Bibliotecária CRB 9/2162

F383e   Ferreira Junior, Antonio Gonçalves
         Escritos sobre o percurso de formação de um psicanalista em diálogo com Freud, Ferenczi e Winnicott / Antonio Gonçalves Ferreira Junior. – 1. ed. – Curitiba: Appris, 2024.
         150 p. ; 23 cm. – (Coleção Saúde Mental).

         Inclui referências.
         ISBN 978-65-250-6379-9

         1. Psicanálise. 2. Psicologia. 3. Psicanalistas. I. Ferreira Junior, Antonio Gonçalves. II. Título. III. Série.

CDD – 150.195

Livro de acordo com a normalização técnica da ABNT

Editora e Livraria Appris Ltda.
Av. Manoel Ribas, 2265 – Mercês
Curitiba/PR – CEP: 80810-002
Tel. (41) 3156 - 4731
www.editoraappris.com.br

Printed in Brazil
Impresso no Brasil

Antonio Gonçalves Ferreira Jr.

ESCRITOS SOBRE O PERCURSO DE FORMAÇÃO DE UM PSICANALISTA EM DIÁLOGO COM FREUD, FERENCZI E WINNICOTT

Appris
editora

Curitiba, PR
2024

FICHA TÉCNICA

EDITORIAL	Augusto Coelho
	Sara C. de Andrade Coelho
COMITÊ EDITORIAL	Ana El Achkar (Universo/RJ)
	Andréa Barbosa Gouveia (UFPR)
	Antonio Evangelista de Souza Netto (PUC-SP)
	Belinda Cunha (UFPB)
	Délton Winter de Carvalho (FMP)
	Edson da Silva (UFVJM)
	Eliete Correia dos Santos (UEPB)
	Erineu Foerste (UFES)
	Erineu Foerste (Ufes)
	Fabiano Santos (UERJ-IESP)
	Francinete Fernandes de Sousa (UEPB)
	Francisco Carlos Duarte (PUCPR)
	Francisco de Assis (Fiam-Faam-SP-Brasil)
	Gláucia Figueiredo (UNIPAMPA/ UDELAR)
	Jacques de Lima Ferreira (UNOESC)
	Jean Carlos Gonçalves (UFPR)
	José Wálter Nunes (UnB)
	Junia de Vilhena (PUC-RIO)
	Lucas Mesquita (UNILA)
	Márcia Gonçalves (Unitau)
	Maria Aparecida Barbosa (USP)
	Maria Margarida de Andrade (Umack)
	Marilda A. Behrens (PUCPR)
	Marília Andrade Torales Campos (UFPR)
	Marli Caetano
	Patrícia L. Torres (PUCPR)
	Paula Costa Mosca Macedo (UNIFESP)
	Ramon Blanco (UNILA)
	Roberta Ecleide Kelly (NEPE)
	Roque Ismael da Costa Güllich (UFFS)
	Sergio Gomes (UFRJ)
	Tiago Gagliano Pinto Alberto (PUCPR)
	Toni Reis (UP)
	Valdomiro de Oliveira (UFPR)
SUPERVISOR DA PRODUÇÃO	Renata Cristina Lopes Miccelli
PRODUÇÃO EDITORIAL	Adrielli de Almeida
REVISÃO	Bruna Fernanda Martins
DIAGRAMAÇÃO	Amélia Lopes
CAPA	Julie Lopes
REVISÃO DE PROVA	Bruna Santos

COMITÊ CIENTÍFICO DA COLEÇÃO SAÚDE MENTAL

DIREÇÃO CIENTÍFICA	Roberta Ecleide Kelly (NEPE)
CONSULTORES	Alessandra Moreno Maestrelli (Território Lacaniano Riopretense)
	Ana Luiza Gonçalves dos Santos (UNIRIO)
	Antônio Cesar Frasseto (UNESP, São José do Rio Preto)
	Felipe Lessa (LASAMEC - FSP/USP)
	Gustavo Henrique Dionísio (UNESP, Assis - SP)
	Heloísa Marcon (APPOA, RS)
	Leandro de Lajonquière (USP, SP/ Université Paris Ouest, FR)
	Marcelo Amorim Checchia (IIEPAE)
	Maria Luiza Andreozzi (PUC-SP)
	Michele Kamers (Hospital Santa Catarina, Blumenau)
	Norida Teotônio de Castro (Unifenas, Minas Gerais)
	Márcio Fernandes (Unicentro-PR-Brasil)
	Maria Aparecida Baccega (ESPM-SP-Brasil)
	Fauston Negreiros (UFPI)

Para Samara e Raul com carinho e gratidão.

AGRADECIMENTOS

Este livro é fruto de uma síntese de muitas experiências do percurso de formação de um psicanalista. O que inclui o famoso tripé da formação: a própria análise, a supervisão clínica e os estudos teóricos em psicanálise. Portanto, é resultado de uma jornada que não se caminha sozinho, mas com os pares. Assim, agradeço a todos os meus analisandos, alunos de graduação e pós-graduação, colegas de ofício e amigos psicanalistas que contribuíram na formação desse espaço potencial de criação e produção teórico-clínico.

Em especial, agradeço à Roda de Psicanálise em parceria com o Grupo de Estudos e trabalho do Departamento de Psicanálise do Instituto Sedes Sapientiae. A parceria entre essas duas instituições foi capaz de oferecer um ambiente em que a criatividade e a liberdade de pensamento se tornaram os pilares fundamentais para o trabalho e a escuta do inconsciente no início de minha formação. Agradeço à Samara Megume, à Aline Sanches e à Isabelle Maurutto Schoffen por fazerem a aposta de instituir um grupo de analistas na cidade de Maringá, Paraná. Também expresso minha profunda gratidão aos psicanalistas do Instituto Sedes Sapienteae que durante todos esses anos se dedicaram à transmissão da psicanálise em nossos encontros em seminários teóricos e clínicos e na leitura crítica de nossos trabalhos; um grande abraço a: Fátima Milnitisky, Leonor Rufino (*in memoriam*), Élcio Gonçalves, Nanci de Oliveira, Márcia Ramos e João Rodrigo Silva. Estendo esse abraço a todo o grupo da retaguarda do GTEP (Grupo de Transmissão e Estudos em Psicanálise-Departamento de Psicanálise/ Sedes Sapienteae). Agradeço aos meus colegas de formação por tantos anos de sensíveis e profundas discussões sobre a clínica psicanalítica: Samara Megume, Aline Sanches, Isabelle Maurutto, Regina Perez Cristofolli-Abeche, Maria Claudia Pismel, Vinícius Romagnolle, Marco Antonio Rotta Teixeira, Geiva Calsa, Roseane Prattes, Cleto Rocha Pombo, Cleide Marchiotti, Aline Buriola, Isabela Peruso e Marco Antonio F. Berbel, dentre tantos outros. Hoje a Roda de Psicanálise é uma Associação Psicanalítica em Maringá.

PREFÁCIO

A Psicanálise é, como sabemos, um projeto de desalienação. Somos sujeitos interdependentes a partir do instante em que nascemos. Nossa vida de bípedes humanos começa inacabada. Os acabamentos que estão por vir dependem de nossa capacidade de cultivar o investimento em amar, trabalhar e constituir laços fortes e solidários de amizades. Assim, nossas vidas se tornam mais interessantes e os caminhos percorridos mais animados pelo convívio e pelo que aprendemos um com o outro.

A condução da cura pela psicanálise caminha pelo processo do que retorna do recalque, ou seja, das lembranças, recordações e reminiscências. Vale ressaltar que o aparelho psíquico é um aparelho de memória, mas também um aparelho de linguagem e de esquecimento. Junto a outros fios, memória e esquecimento tecem o manto da amnésia que recobre os nossos primeiros anos de infância, que guarda, a perder de vista, sob o efeito do recalque, nossas primeiras escolhas de objetos de amor e de identificação. É nessa tessitura complexa, potente e delicada que o autor vai empreender sua investigação.

Um percurso de formação nos situa em caminhos de se levar para a própria análise, de se debruçar em leituras dos estudos teóricos, e dos casos clínicos, de receber e escutar quem nos procura para conduzir curas, de fazer supervisão dos casos a nós confiados e de conversar com nossos pares sobre nossa clínica. Em 1926, Freud formulou a questão da análise leiga em um diálogo no qual convocou um interlocutor e lhe atribuiu o desejo de saber do que se tratava a psicanálise, visando que pudesse exercê-la com pertinência sem ter competência médica. Em suma, a resposta foi um resumo da psicanálise insistindo na questão da formação. No decorrer do texto, a pergunta passa a ser "como é possível uma análise leiga?" e, mais adiante se desdobra em "por que a medicina não traz nada de essencial para a aquisição da competência analítica?" É notável que a chave da teoria etiológica das neuroses é revelada pela sexualidade infantil e Freud reconhece a insuficiência do saber médico e sublinha a absoluta necessidade de uma aprendizagem de ordem histórica, e antropológica. Assevera que o ensino analítico deveria incluir um campo disciplinar, que é estranho ao médico, como história da civilização, literatura, psicologia das religiões e mitologia. Considera também fundamental a psicologia profunda, uma introdução aos quadros clínicos da psiquiatria, um estudo aprofundado da ciência da vida sexual no âmbito das ciências humanas. Essa competência a quem se pretende analista não é um enriquecimento pessoal. Ao contrário, trata-se de um instrumento indispensável, sem o qual seus objetos lhe serão indecifráveis.

O Capítulo 1 dedicado à Clínica apresenta discussões relevantes problematizando o brilho da titulação vinculada a fetichização dos títulos universitários, certificados e diplomas em dois eixos. O primeiro ilumina o conflito e o paradoxo da certificação diplomada das experiências na realidade brasileira e o segundo aponta o processo de desfetichização desvelado a partir do trabalho de autorização do próprio analista em formação. Traz questões sobre a leitura de alguns intérpretes do Brasil (Sérgio Buarque de Hollanda, Darcy Ribeiro, Clovis Moura, Sílvio Almeida) desde as grandes navegações portuguesas e espanholas no século XV. Destaca o apego ao diploma e aos títulos de nobreza, nomeando de "decoro aristocrático" por Sérgio Buarque de Hollanda, pelo suposto desapego dos portugueses das castas e linhagens, possibilitando assim uma sustentação potente das grandes navegações e colonizações portuguesas. O autor aponta que na base para a formação do estado valia mais títulos, diplomações e cargos públicos do que castas e linhagens. Ainda bem que hoje em dia temos uma fartura de pensadores e autores que pensam e escrevem sobre a descolonização, a violência da colonização e o racismo estrutural, desfazendo o mito do bom escravo, da senzala feliz e do bom senhor da casa grande, assim como o mito enganoso da democracia racial. Os Capítulos 2, 3 e 4 revelam um analista implicado com sua escuta dos casos que tratam de experiências traumáticas, mas que apesar da gravidade dos casos, esse analista tem a admirável e espirituosa capacidade de rir de si e de fazer o outro rir, apesar da "desgraçologia", termo cunhado por ele em uma das sessões ao fazer uma intervenção que culminou com o riso da analisante.

Nos Capítulos 5, 6 e 7 sobre Cultura, o autor inspira-se na formulação do trauma, nomeado pelo psicanalista húngaro Sandor Ferenczi, Confusão de Línguas entre adultos e crianças, salientando o seguinte no manejo da transferência: "o que retorna na transferência para ser repetido, recordado e elaborado é a tentativa de se encontrar outra solução para o que deveria ser aquela autoridade protetora e que tornou-se uma autoridade que não protege e é invasiva". Ou seja, sublinha ainda Antônio Gonçalves Ferreira Junior: "o que se atualiza é a necessidade de se retraduzir a violência que ficou pendente de justiça". A criança em questão sofreu um abuso do tio materno e foi contar para a mãe que a desautorizou dizendo: "eu conheço o seu tio, ele nunca faria isso, não conte isso para ninguém!".

A questão da violência e do racismo estrutural desdobra-se também no social da América Latina. No Brasil, os afrodescendentes sofreram a violência da desautorização dos mitos afro-brasileiros. "Esperaram por anos a fio o reconhecimento dos desmentidos da escravidão, do racismo e do higienismo, embora reste ainda uma violência da colonialidade que permanece para além da economia e incide sobre as matrizes coloniais de poder sobre a ciência, a sexualidade, o saber e o ser", assevera o autor, ao apontar que "é justamente nesse saber desautorizado que talvez possamos encontrar viva a força de uma crítica às autoridades esmagadoras". O pensamento do autor também diz respeito às fronteiras do amor e da ética, assim como às fronteiras dos que fabricam refugiados no mundo e excluídos na cidade. Estamos, no momento, com a memória fresca da experiência de porneia que sofremos com uma liderança de autoridades esmagadoras desde 1 de janeiro de 2019 a 31 de dezembro de 2022. Nos estágios do afeto em Platão, ele descreve philia, eros e porneia. Philia sendo o mais interessante, sobretudo no nosso contemporâneo, pois trata-se de amizades. A amizade não é possessiva. Eros ama, visa o que favorece a si e ao outro, importa-se consigo e com o outro, mas é possessivo. Porneia só se importa consigo mesmo e o que conta é seu prazer e sua satisfação. Na porneia o outro é objeto coisa para ser usada, abusada.

Os 4 itens e 3 sub-itens que constam do Capítulo 7 abrangem referências aos estudiosos de mitos, folclore, lendas e cultura popular nas melhores fontes dos pesquisadores do Brasil, dos Estados Unidos, da Martinica, do Haiti, entre outros, que se debruçaram sobre esse campo tendo como perspectiva a descolonização dos mitos afro-brasileiros, dos povos originários e a descolonização da infância. Ele ilumina o paradoxo contido na palavra criança que sustenta a tensão entre múltiplos sentidos, ou melhor dizendo, entre dois olhares possíveis: o olhar do adulto para a criança pode antecipar para esta uma posição de criação e de criadora, ou o olhar pode tomá-la como criatura, isto é, como objeto para usar, aprisionar, controlar, manipular etc. Depende sempre da posição que o adulto ocupa ao antecipar para a criança seu futuro. Ressaltamos aqui que o olhar dos adultos cuidadores, são o espelho de Narciso para elas que estão sob o efeito do manto de amnésia que recobre a infância até os 4, 5 anos. Se a criança for iluminada pela luz do olhar do desejo inconsciente do adulto, isto é, "um olhar mais terno e plástico", como sublinha o autor, ela será encarada metaforicamente como criação e criadora e não como coisa a ser usada, ou aprisionada, ou escravizada.

Para finalizar, o autor nos contempla com a mitologia dos Orixás, na qual os Ibejis são filhos gêmeos de Oia-Iansã com Oxossi, embora tenham sido criados por Oxum. Esses Orixás Ibejis são crianças gêmeas conhecidas como Orixás-crianças. Como entidades da infância são espíritos livres, rebeldes, brincalhões e divertidos. Por serem gêmeos são dotados de uma dualidade e podem ter uma conduta paradoxal, pois por um lado podem denotar rebeldia, irresponsabilidade e selvageria e por outro podem representar alegria, concernimento e inovação. Essas duas naturezas dos Ibejis expressam o paradoxo da palavra criança ao ser tomada, ora como criatura, ora como criação. O autor destaca o conceito de concernimento e criatividade de Winnicott como "uma mola para que a capacidade, a cooperação e a construção da cultura pelas crianças seja resgatada e reforçada". Que elas consigam viver sua cultura e conviver com culturas diferentes. A seguir, nos adverte dos efeitos da colonialidade que quer nos fazer crer que a criança deve ser domesticada, dominada, adestrada aos ideais dos adultos.

Sabemos por nossa própria clínica o quanto as idealizações dos cuidadores podem produzir um efeito nefasto nas vidas de crianças, que devem ser cuidadas, protegidas e amadas. O amor dos bebês é diferente do amor dos adultos. Os bebês amam para não morrer. Inacabados, dependentes e indefesos, logo descobrem que precisam dominar os cuidadores e o ambiente para serem amados. Não é à toa que Freud não hesitou em chamar a transferência de amor. Trata-se de um amor paradoxal, porque a promessa de amor que o psicanalista pode fazer ao analisante é que no fim eles vão se separar. O fim de um processo de análise pode ser descrito como uma retificação de posição subjetiva, uma travessia da fantasia, um se refamiliarizar com o seu próprio estranho que lhe habita, uma consistente redução dos preconceitos. Para isso é preciso ter a coragem de enfrentar seus fantasmas e medos para autorizar-se a uma nova posição. O caminho é longo. Depende da capacidade de investir e se engajar no processo.

O livro de Antonio Gonçalves Ferreira Jr, *Escritos sobre o percurso de formação de um psicanalista em diálogo com Freud, Ferenczi e Winnicott* é um efeito de sua experiência de autorizar-se de si mesmo e dos seus pares. Do começo ao fim ele trata da questão do autorizar e desautorizar, trazendo para a cena o desautorizar nos regimes colonialistas que produzem um efeito tóxico e penoso aos colonizados e, sobretudo, a incidência perturbadora na infância das crianças afrodescendentes, e das crianças dos povos originários.

São Paulo, 08/04/2024

Fátima Milnitzky

Psicanalista. Membro do Departamento de Psicanálise do Instituto Sedes Sapienteae, na qual integra o GTEP (Grupo de Transmissão e Estudos em Psicanálise). Mestre em Psicologia pela Unimarco, supervisora na Rede Clínica do Laboratório de Psicanálise Jacques-Lacan (IPUSP). Co-coordenadora dos Estados Gerais da Psicanálise (SP). Organizadora e coautora do livro Desafios da clínica psicanalítica na atualidade (Goiânia: Dimensão, 2006, Coleção Debate Psicanalítico). Organizadora e coautora do livro Narcisismo: o vazio na cultura e a crise de sentido (Goiânia: Dimensão, 2007, Coleção Debate Psicanalítico), e artigos publicados em livros e revistas de psicanálise.

SUMÁRIO

INTRODUÇÃO 17

CLÍNICA

1
DE ONDE VÊM OS PSICANALISTAS? O PERCURSO DE FORMAÇÃO COMO UM PROCESSO DE DESFETICHIZAÇÃO DOS TÍTULOS 23
    Os caminhos e descaminhos da formação em psicanálise diante do decoro aristocrático do povo brasileiro 23
    O processo de tornar-se analista como um trabalho de desfetichização dos títulos 29
    O sonho com um psicanalista famoso 32

2
O SACRIFÍCIO DO ANALISTA, OU: DE QUEM É O TESOURO DE UMA ANÁLISE? 37
    O recibo 37
    O tesouro e a encruzilhada 42

3
A CARTA BOMBA 51
    As cartas e a carta-bomba 51
    O tic-tac do analista 55
    A fantasia/neocatarse de salvação 64
    Niderkommen e Unniderkommen 69

4
FERENCZI, WINNICOTT E A LÓGICA PARADOXAL DA CASA DA MÃE JOANA 73
    A vida perdida 73
    A compulsão na neurose e no trauma 79
    A lógica paradoxal da casa da mãe Joana 82

CULTURA

5
OS DEUSES TAMBÉM ERRAM: O TRAUMA NO DIVÃ E NA AMÉRICA LATINA 89
   O trauma. 89
   O divã. 90
   A América Latina. 90

6
LOS DIOSES TAMBIÉN SE EQUIVOCAN: EL TRAUMA EN EL DIVÁN Y EN AMÉRICA LATINA. 95
   El trauma 95
   El diván 96
   América Latina. 96

7
WINNICOTT E OS IBEJIS (ERÊS): UMA POSSIBILIDADE DE RESISTÊNCIA DESCOLONIAL E DE UM NOVO LUGAR PARA A RELAÇÃO ENTRE ADULTOS E CRIANÇAS NA PSICANÁLISE DA MITOLOGIA BRASILEIRA............................. 101
   1. A cultura brasileira: do folclore à mitologia e à cultura popular 101
   2. As contribuições psicanalíticas de Arthur Ramos para a estudo do folclore, das mitologias brasileiras em sua luta contra o higienismo........................110
   3. Os estudos da cultura popular e da mitologia a partir da psicanálise e aplicada à descolonização da infância 115
   4. Winnicott e o paradoxo dos Ibejis (Erês)..123
      4.1 A criança como criatura ou criação? 124
      4.2 A função da mãe e da ciência como espelho 128
      4.3 A mitologia dos gêmeos Ibegis e a valorização da criança criadora...........133

REFERÊNCIAS 139

INTRODUÇÃO

Este livro foi escrito durante o percurso de formação básica em psicanálise e o percurso de formação continuada oferecida pela Roda de Psicanálise (Maringá-PR) em parceria com o Departamento de psicanálise do Instituto Sedes Sapienteae (SP). Ele contém as reflexões de um psicanalista no início de seu percurso.

A psicanálise nasceu fora da Universidade nos estudos de Freud com Breuer em Viena na virada do século XIX para o século XX. Por volta de 1910 Freud e seus discípulos criaram a IPA (Internacional Psycholanalytical Association) na busca de organizar o movimento psicanalítico, direcionar a formação e criticar a chamada psicanálise silvestre. Como discutido por Kupperman (2014), com o tempo a formação de analistas começou a ser criticada pelos seus próprios integrantes, dentre eles, Sandor Ferenczi e Michel Balint. A crítica feita por esses autores gira em torno de um núcleo importante: se por um lado a formação da IPA contribuiu para cuidar da psicanálise, do crescimento da instituição psicanalítica e da formação dos analistas; por outro lado ela também desenvolveu mecanismos de controle e lógicas de poder que interferiam na liberdade e criatividade dos analistas em formação. Mais tarde, por volta de 1960 Jacques Lacan promoverá um importante rompimento com a IPA, criticando novamente seu modelo de formação e sua rigidez. As críticas do psicanalista francês à formação da IPA atuam com a força e o estilo do retorno do recalcado. Lacan rompe com a IPA e cria um corte em que as antigas repetições abriram a possibilidade de elaborações e invenções na história do movimento psicanalítico, possibilitando a criação de novas escolas de psicanálise para além da IPA e seus muros. Provavelmente se hoje estudamos e pesquisamos a psicanálise na Universidade, se temos a oportunidade de nos tornarmos psicanalistas ou psicólogos de orientação psicanalítica fora dos muros da IPA, de certa forma somos todos herdeiros das contribuições de Ferenczi e Balint, e audaciosamente sustentada por Lacan.

Kupermann (2014) discute que esse corte promovido por Lacan na história do movimento psicanalítico inaugurou uma nova fase de possibilidades e potencialidades na formação dos analistas. Ela tornou possível as "transferências cruzadas" em que os modelos de formação pautados nos ideais institucionais deram lugar a uma formação pautada nas transferências nômades, em que a escuta do inconsciente assumiu o papel preponderante, inaugurando um contexto de pós-escolas.

Todo esse movimento de fragmentações e integrações torna viável uma aproximação entre as diversas linhas dentro da psicanálise. Afinal todas elas têm o mesmo objeto de estudo em comum: a escuta e o trabalho com o inconsciente. Esse campo fecundo de ideias e escutas sustentado pelas "transferências cruzadas" foi justamente o que encontrei em minha formação básica na Roda de Psicanálise. Embora calçado em uma sólida formação básica fundada na teoria psicanalítica de Sigmund Freud, também foi possível durante esses anos de formação compartilhar o universo particular de cada analista do grupo, que individualmente trouxeram suas diversas identificações do campo psicanalítico. O resultado foi a possibilidade de uma escuta do inconsciente mais complexa porque cada autor dentro da psicanálise, como Freud, Winnicott, Ferenczi, Lacan, Klein, dentre outros, oferece-nos uma perspectiva do inconsciente. E poder acessá-las cada uma à sua maneira é um exercício de escutar o inconsciente que não é "só isso" ou "só aquilo"; mas "tudo isso". O momento pós-escolas da psicanálise e da formação dos analistas é importante porque se sustenta na lógica paradoxal tornando possível o enriquecimento da escuta clínica e da teoria psicanalítica a partir da elaboração das suas contradições e ambivalências.

Mesmo sabendo e pesquisando sobre a história do movimento psicanalítico, a formação dos psicanalistas, sobre os autores que nos identificamos e nos aproximamos para engendrarmos o nosso ofício, sempre persiste uma pergunta que não quer calar: de onde vêm os psicanalistas? No Brasil estamos acostumados com a relação entre a Psicanálise e a Psicologia a partir dos bancos das faculdades de Psicologia que possibilita a escolarização dos psicólogos de orientação psicanalítica, sendo a Psicanálise uma abordagem da Psicologia.

Mas a Psicanálise nasceu fora dos muros da Universidades, o campo psicanalítico oferece o percurso de formação para sujeitos dos mais variados campos do conhecimento. São pessoas que se tornaram psicanalistas, mas tiveram sua escolarização universitária na Pedagogia, na Farmácia, na Medicina, na Psicologia etc.; ponto de vista sustentado por Freud nas suas discussões sobre a chamada análise leiga. Freud (1926) defendia a posição de que a psicanálise não deve ficar restrita aos médicos. Quais as singularidades da formação de um psicanalista? Quais as indagações e criações que são encontradas no caminho de uma formação? Ao contrário do modelo fabril e mercantilizado sobre o "conhecer" e o "fazer" tão em voga nos séculos XX e XXI, a formação se faz sustentada por seu desejo e pela singularidade de sua trajetória. Este livro é justamente uma busca de compartilhar com o leitor as experiências surgidas nesses primeiros passos de meu percurso.

A primeira parte do livro é destinada à Clínica e apresenta capítulos diretamente relacionados com os enigmas presentes no percurso básico de formação em psicanálise atravessado por temas como "a autorização do analista e a desfetichização dos títulos", "de quem é o tesouro de uma análise?", "a importância da lógica paradoxal no tratamento de pacientes graves ou na clínica do trauma", dentre outros. Os casos clínicos trabalhados neste livro são fictícios; e como todo paradigma criativo, é resultado de condensações e deslocamentos da experiência clínica adquirida ao longo de vários anos de trabalho na clínica psicanalítica. Na segunda parte do livro, dedicada à Cultura, o autor realiza uma aproximação entre a teoria Psicanalítica e o pensamento descolonial.

CLÍNICA

1

DE ONDE VÊM OS PSICANALISTAS? O PERCURSO DE FORMAÇÃO COMO UM PROCESSO DE DESFETICHIZAÇÃO DOS TÍTULOS

Os caminhos e descaminhos da formação em psicanálise diante do decoro aristocrático do povo brasileiro

O tema sobre a autorização e a formação do analista é algo que inquieta todo sujeito que se coloca na trilha do trabalho com a clínica psicanalítica na companhia de seus pares. Esse tema pode se desdobrar em vários questionamentos: sobre o processo de autorização; sobre a importância dos grupos e instituições no percurso de formação; sobre o papel dos pares, da produção teórica e analítica de cada um, dentre tantos outros pontos. Aqui será desenvolvida a ideia sobre a experiência de tornar-se analista como um processo de desfetichização dos títulos, certificados e diplomas. O brilho da titulação será analisado em sua vinculação com o mecanismo do fetiche desdobrando-o em dois eixos fundamentais: o primeiro está inscrito no conflito e no paradoxo da certificação diplomada das experiências na realidade brasileira; e o segundo no processo de desfetichização desvelado no trabalho de autorização, propriamente dita, do analista em formação. O presente texto é resultado da experiência do contato com um primeiro módulo da formação básica em psicanálise chamado "A escuta do inconsciente".

O início de nossa curiosidade sobre esse tema da formação e autorização do analista diante das titulações e diplomações – além do seu sentido inconsciente e ontológico – tem uma raiz na história brasileira. Essa singularidade nos saltou aos olhos porque nossa formação em psicanálise nos coloca diante de algumas indagações: por que a formação em psicanálise não oferece um diploma ou certificado para os analistas? Por que na realidade brasileira existe um superinvestimento sobre a importância dos diplomas e certificados a tal ponto que muito possíveis candidatos refugam diante desse impasse? A formação de um psicanalista brasileiro teria contornos diferentes quando comparada a outras partes do mundo? A realidade na qual nosso grupo de formação está inserido teria necessariamente qual configuração sob essa idiossincrática perspectiva?

Não podemos pensar a formação do analista brasileiro sob a mesma óptica da formação do analista francês, argentino, inglês etc. Existem marcas singulares na formação do povo brasileiro e nas suas instituições que se desdobram sobre a formação dos grupos, associações e instituições psicanalíticas de nosso país, e do próprio analista, afinal toda psicologia individual é também social (FREUD, 1921/1996).

No início dos trabalhos, quando a formação estava em processo de conhecimento e reconhecimento dos citadinos e simpatizantes do campo psi, era muito comum ouvir a pergunta: mas essa formação dará diploma de analista? Qual a certificação de que eu farei uma formação em psicanálise? Obviamente que sabemos que a psicanálise é uma ciência que nasceu fora dos muros das Universidades passando longe da exigência de seus diplomas e certificados. Também sabemos que a prática analítica requer um certo tipo de distanciamento da normatização e burocratização para zelar por sua ética na escuta e trabalho com o inconsciente (LACAN, 1959-1960/2010). Outra ideia repetida diante desse impasse é que a formação de um analista deve partir de seu desejo. Mas o interessante é que essa busca e averiguação sobre a titulação era ouvida até mesmo por indivíduos que reconhecidamente já tinham um contato com a teoria psicanalítica. Havia algo da ordem da cisão psíquica e do inconsciente rondando essa angústia sobre o brilho da diplomação, do título de uma formação e do receio de se lançar no que era novo? Felizmente de uns tempos para cá as coisas têm mudado, mas esse nó da história ainda merece ganhar um sentido para que o futuro ganhe asas e as reminiscências do passado se desprendam das repetições imobilizadoras (FREUD, 1910/1996).

Talvez o povo brasileiro possua um tipo especial de resistência à formação psicanalítica que não apresente uma diplomação ou certidão. Do mesmo modo que se observa uma dificuldade de valorizar o que não é tradicional, o que não está inserido na árvore genealógica das oligarquias e antigas esferas de poder. De onde você vem? Qual a sua árvore genealógica? Como podemos comprovar a sua nobreza? Qual o sobrenome da sua família? Essa discussão nos saltava aos olhos porque estávamos entre uns dos primeiros grupos de formação de analistas de nossa cidade. Esse acontecimento não passaria desapercebido, sem que um caldo subjetivo-cultural fosse mexido, levantando o que estava soterrado ou reprimido para a ser pensado e elaborado.

Sabemos que a formação do analista está alicerçada nos tripés da própria análise, do atendimento clínico e do estudo teórico dos analistas em formação. Mas a temática sobre os títulos e diplomas também apareceu como uma resistência que mereça ser estudada e esclarecida. Entendemos que é importante pensar o ingresso dos membros em uma formação sob a categoria de seus desejos e identificações com a clínica psicanalítica. Mas também acreditamos que seja importante pensar o "caráter" do povo brasileiro na valorização ou não de processos formativos que incluem ou não a diplomação.

É necessário que elaboremos o nosso passado para que possamos sustentar o nosso futuro. O passado foi de dúvida diante do novo e do apego à titulação diante da angústia de um caminho que se abria e não prometia uma receita para aquela jornada. Pelo contrário, uma formação, talvez seja um convite para se jogar no labirinto das produções do inconsciente. Os pilares que sustentavam essas resistências poderiam ser resumidos em três eixos: a) A formação não garantia títulos; b) A formação não estava vinculada aos tipos tradicionais de organização psicanalítica; c) A Roda de Psicanálise começou a se instituir como um grupo de formação de analistas em parceria com o Departamento de Psicanálise do Instituto Sedes Sapienteae e a população não sabia da importância histórica do Sedes para a psicanálise brasileira. Sobre esse último ponto arriscamos dizer que o aprendizado sobre o conhecimento geral da história do movimento psicanalítico é muito pouco historicizado, deixando de lado os conflitos e as transferência entre teorias, autores e instituições da psicanálise ao longo dos tempos. Por isso as discussões de Kupermann (2014) sobre as "transferências cruzadas" são um raro farol diante da forte neblina. Esses três elementos apontados giram em torno da temática de nossa problematização sobre a fetichização dos títulos. Isso porque imaginamos que no Brasil o investimento psíquico para tal formação pode demandar mais força que o usual. Seria necessário se desalienar do brilho das "lógicas das oligarquias" e do "decoro aristocrático" tão comuns no Brasil desde os tempos coloniais até a atualidade. Esses fenômenos fetichistas dificultam a construção de uma autonomia de trabalho e pensamento tanto para o sujeito quanto para o grupo.

No seu livro *As raízes do Brasil*, Sergio Buarque de Holanda nos ensina que a colonização Portuguesa apresenta suas características específicas que marcaram nossa "personalidade cultural brasileira" (HOLLANDA, 1936/2014). Dentre essas características se apresenta o apego ao diploma e aos títulos de nobreza, chamado por ele de "decoro aristocrático". A tese do autor gira em torno do fato de que o nosso colonizador português estava longe de ser uma figura cultural homogênea e individualizada, como os ingleses e os alemães do século XX bradavam ser, por exemplo. Pelo contrário, o afã das navegações espanholas e portuguesas levaram os ibéricos ao contato com outros povos nos tempos das grandes navegações no século XV.

Segundo Hollanda (2014) esse fato fortaleceu as predisposições tanto do português quanto do espanhol para a hibridação e a mestiçagem. Segundo o autor, seria, inclusive, esse suposto desapego dos portugueses das castas que tornaria possível a sustentação da grande potência das navegações e colonizações portuguesas[1] (RIBEIRO, 2005). Ao contrário dos outros países, que ainda se viam em torno de uma lógica feudal, os portugueses com suas grandes navegações, ajudaram a fundar o liberalismo, sendo um dos primeiros países a ter uma unidade nacional e impulsionar o capitalismo globalizado para o além mar. Para o Hollanda (1936/2014), ao contrário do restante da Europa, que mantinha o apego às linhagens e às castas, os portugueses teriam originado a sua própria cultura e uma cultura brasileira em que os rígidos moldes hierárquicos – pautados numa matriz étnica – cedeu lugar para uma condensação da importância dos títulos e diplomações. Como "aparentemente" não havia uma nítida divisão social regulamentada por etnias, a divisão social, sua manutenção e câmbio, girava em torno dos títulos e cargos. Assim não importava quem o sujeito era, sua história, mas sim o cargo que ocupava, seus títulos. Ao invés de se manter o apego as linhagens e castas como base para a formação do estado, essa lógica teria sido deslocada para os títulos, diplomas e cargos públicos. Assim, eram os títulos, diplomações e cargos públicos que ditavam a valorização e o lugar de cada um na sociedade tornando-se uma bússola em meio a toda barafunda. Esse seria o que Buarque de Hollanda chama de decoro aristocrático do povo brasileiro (HOLLANDA, 1936/2014).

De fato, durante boa parte dos estudos sobre a cultura brasileira, a miscigenação era vista como um mérito da cultura portuguesa e do povo

---

[1] Durante boa parte dos estudos sobre a cultura brasileira a miscigenação era vista como um mérito da cultura Portuguesa e do povo brasileiro. Hoje com a atualização do conhecimento promovidos pelos pensadores sobre a descolonização, a violência da colonialidade e do racismo estrutural, percebeu-se que essa ideologia da mestiçagem ajuda e estrutura a violência do racismo e da colonialidade. Felizmente, hoje, o mito da democracia racial caiu por terra, permitindo a denúncia, a luta e elaboração de sofrimentos e violências oriundos da sociedade e do pensamento escravocrata.

brasileiro. Felizmente a coisa mudou. Hoje com a atualização do conhecimento promovidos pelos pensadores sobre a descolonização, a violência da colonialidade e do racismo estrutural, percebeu-se que essa ideologia da mestiçagem e da famigerada "democracia racial" na verdade é um pensamento que ajuda e estrutura a violência do racismo e da colonialidade. Segundo Clóvis Moura (2021), o enganoso mito da democracia racial e das supostas belezas da miscigenação só foi possível diante da criação de outros mitos falaciosos: como o mito do bom escravo (do mulato e da senzala feliz) juntamente ao mito do bom senhor da casa-grande. Hoje sabemos que não faltam exemplos para contestar essa ideia e denunciar tanto o racismo estrutural quanto a violência da sociedade escravocrata que possui raízes atuantes na sociedade brasileira até os dias de hoje (ALMEIDA, 2021). Também não faltam estudos que analisam o quanto a glorificação da mestiçagem pode esconder e denegar violências e estruturas de dominação na história brasileira (DEVULSKY, 2021). Isso porque acreditar em um mito da democracia racial e mestiçagem feliz seria denegar o conflito de classes e a violência racial promovida por essa estrutura social.

Felizmente, hoje, o mito da democracia racial caiu por terra, permitindo a luta e elaboração de sofrimentos e violências oriundos da sociedade e do pensamento escravocrata e colonial. Segundo Moura (2021) o mito da democracia racial só foi possível porque também se fazia acreditar na mentira do bom senhor e do bom escravo, papéis que na verdade não existiram. O mito do bom senhor cai por terra quando pesquisamos sobre o nível de violência e tortura usado pelos senhores da casa grande para manter a senzala dominada (MOURA, 2013). E o mito do bom escravo submisso cai por terra quando refazemos a historiografia e podemos perceber que nos tempos da escravidão existiam centenas de quilombos por todo o Brasil que lutavam pela liberdade diante da perversa sociedade escravocrata (MOURA, 2020). Portanto, a mentira da democracia racial foi mais uma estratégia de dominação que visava desmentir o sofrimento dos afrodescendentes na sociedade brasileira.

Embora os pilares da tese defendida por Sergio Buarque de Hollanda sobre o que originava o "decoro aristocrático" tenha caído por terra por se sustentar no mito da democracia racial, o fenômeno por ele observado de fato existiu e ainda está em funcionamento. O decoro aristocrático e o apego aos títulos ainda permanecem atuais, inclusive colaborando para a lógica de dominação e subserviência entre classes, povos e culturas. Mas qual seria a função da fetichização dos títulos?

A certificação, o diploma ou o título de nobreza podem muito bem funcionar como um fetiche que tenta tapar um buraco. Mas qual buraco? Podem ser tantos que vou me deter no buraco da história e da diferença. O fetiche, como sabemos, refere-se a um objeto enfeitiçado que ganha qualidades especiais. Já o fetichismo é um mecanismo psíquico descoberto na clínica das perversões, em que se observa a alteração de uma pequena e específica parcela da realidade para gerar a supervalorização desse objeto (FREUD, 1927/1996). Assim, no fetichismo e no fetiche encontra-se a manifestação de um objeto que encobre ou dissimula a realidade para cumprir a função de um engodo. Nas neuroses e psicoses também existe uma certa dissimulação da realidade. Na primeira observa-se uma alteração significativa da realidade e na neurose seu rompimento passa quase desapercebido (MIJOLLA, 2005). No fetichismo, a defesa que entra em ação é a denegação que funciona a fim de usurpar o desfecho da castração e da angústia diante da distinção anatômica entre os sexos. Então, idealiza-se um objeto a fim de se desviar do sofrimento imposto pela realidade (FREUD, 1927/1996). Esse objeto torna-se mágico, fetichizado, e colocado no lugar do que se denegou. Podemos citar o famoso exemplo do fetiche por pés ou sapatos, em que o apego e a idealização desses objetos correspondem a uma denegação da castração e da problemática sobre os sexos. Assim os objetos fetichizados são utilizados para gerar um eclipse ocultando um problema (FREUD, 1927/1996).

No âmbito cultural, não fica difícil de perceber o poder e a sedução reluzente do diploma, da certificação ou do título da nobreza, que brilha aos olhos do povo brasileiro como um grande objeto de fetiche. Esse cai como uma luva para denegar os sofrimentos de sua origem, de seu passado e das suas diferenças. Sofrimentos de um povo ainda carente de elaborar suas raízes negras, indígenas e europeias, rumo ao ser brasileiro. Um povo carente na tarefa de pagar suas dívidas históricas com o povo negro e indígena.

O povo brasileiro sofre da tristeza do processo de deculturação, como nos diz Darcy Ribeiro (RIBEIRO, 2016). Uma fenda profundamente diagnosticada por Mario de Andrade em seu *Macunaíma: o herói sem nenhum caráter* (ANDRADE, 2015). Diante do medo de se ver diferente dos outros povos idealizados como supostamente tão completos e perfeitos, diante do medo de enfrentar esse algo que lhes falta, ante o oneroso projeto de construir uma nova história e lidar com resquícios do passado, é possível facilmente recorrer à fetichização dos objetos, como uma busca de se salvaguardar do colapso. O fetiche encobre a castração porque universaliza as diferenças e encobre a história. Assim aquele "decoro aristocrático" cai como uma luva para tapar o buraco de nossa fenda ontológica enquanto povo, assim, o título-diploma-fetiche pode atuar como um engodo para uma falsa representação de si e da sociedade. Ao contrário do imaginado por Hollanda, o decoro aristocrático não é o resultado da democracia racial, ou simplesmente uma "solução de compromisso" diante dos enigmas da miscigenação. Ele é sim um dos motores para se anular ou denegar as diferenças promovendo uma hierarquia social meritocrática, que promove e perpetua a violência da suposta democracia racial e miscigenação.

Acredito que a história do departamento de Psicanálise do *Instituto Sedes Sapientiae* seja um importante movimento de autoestima e construção de uma psicanálise brasileira, calçada na liberdade como instrumento para crítica dessa fetichização. Darcy Ribeiro nos conta que o povo brasileiro sofre da tristeza de se sentir diferente de suas raízes germinativas. O resultado é admitir-se híbrido e órfão, lançando-se no trabalho de construir sua própria nação, sua história diante da *unologia*. Não seria essa a história do Departamento de Psicanálise no Sedes? Pois no início de sua história, ao romper com o sentido aristocrático das psicanálises tradicionais e internacionais se via diante da tarefa de construir sua própria identidade. Assim não estaria contribuindo para semear os pilares para uma psicanálise brasileira rica em suas diferenças ao redor de todo Brasil? A fundação do departamento de Psicanálise do Instituto Sedes pode representar um protótipo dessa busca brasileira de encontrar na fraternidade uma saída para o desterro. Uma saída de uma lógica oligárquica e monárquica rumo à democracia e à troca. Não é à toa que o grupo do GTEP (Grupo de Transmissão e Estudos em psicanálise) viaja por todo o Brasil criando redes e grupos para diálogo e formação de novos analistas.

O processo de tornar-se analista como um trabalho de desfetichização dos títulos

Como dito anteriormente, o mecanismo de defesa presente no fetiche é a denegação de uma parcela da realidade. Para Freud (1927/1996), esse conflito corresponde à angústia suscitada pela distinção anatômica entre os sexos. Assim, a angústia de castração decorrente dessa tomada de consciência acaba gerando um deslocamento para um objeto fetichizado, que é colocado para tapar essa diferença. Os sapatos do fetichista é uma parte que toma a dianteira da relação sexual eclipsando o resto. Sendo assim, não podemos nos esquecer de que o fetiche não opera sem a idealização de um determinado objeto e a depreciação de outro (FREUD, 1927/1996). O objeto idealizado se apresenta como portador de todas as perfeições do mundo, enquanto o outro objeto de amor é degradado e inferiorizado. Falar de uma desfetichização corresponde, necessariamente, a pensarmos: a) o enfrentamento da angústia de castração; b) reconhecimento da diferença; c) desidealização dos objetos substitutos.

Por isso o processo presente na experiência analítica no percurso da formação de um psicanalista deveria e deve ser o mais importante que os títulos. O processo de formação deveria estar vinculado à meta da pulsão – como a sublimação – e não ao objeto – como a idealização (FREUD, 1914/1996). Nessa lógica, um título seria um mero adorno que simbolizaria o trabalho construído, tornando-se apenas um *souvenir*. Mas para ter processo e experiência é necessário ter história, e um sujeito que se implique na incerteza da produção e reconhecimento das diferenças e desidealizações. Na contramão desse contato com a alteridade, o fetiche dos títulos produz uma sede de títulos que tornam uns maiores que os outros, ou, cinicamente, possibilitam o alcance de uma falsa igualdade presente na "lógica das oligarquias". Nesse caso a saída é investir na negação da história e da diferença, recorrendo aos objetos mágicos e às hierarquias que anulam as diferenças. O fetiche é uma espécie de troféu para se livrar do medo do imprevisto e do imprevisível[2].

O processo de formação envolve justamente o reconhecimento das diferenças. Por exemplo, na supervisão dos casos clínicos, realizada em grupo, cada membro possui uma escuta, pois cada sujeito traz um percurso singular para as discussões. Essas escutas não são melhores nem piores umas que as outras, mas diferentes, porque cada sujeito dá uma ênfase diferente ao que é escutado. Assim surgem camadas diferentes sobre o que está presente em um mesmo analisando. Afinal, todo o sintoma – tal como todas as formações do inconsciente – é multideterminado (FREUD, 1916/1996a). O que significa dizer que existem vários sentidos para um mesmo fenômeno, não necessariamente excludentes entre si. Cada leitura de texto passa pelo crivo das experiências de cada um. Negar isso é recorrer à uniformidade,

---

[2] No ano de 2021, uma faculdade do Paraná divulgou o lançamento de um curso de Bacharelado em Psicanálise prometendo a titulação de psicanalista ao final do curso. Essa impostura gerou a união de uma série de comunidades e instituições psicanalíticas no chamado movimento "Reverberações da psicanálise", que lutam pela não regulamentação da psicanálise no Brasil.

à padronização e ir contra uma psicanálise que deseja descentrar, furar, singularizar (FREUD, 1916/1996a).

Esse movimento ocorre pari-passo com a queda das idealizações e da visão maniqueísta entre bom e mau/ruim. O conhecimento psicanalítico deixa de ser mérito de alguns e torna-se instrumento de todos. Em nossas supervisões clínicas em grupo, experenciamos uma clínica psicanalítica que se faz com a singularidade e igualdade, diante de um saber psicanalítico que pode ser comum e sustentável por todos e não privilégio de poucos. Manter um grupo de formação básica em psicanálise ou as chamadas "formações continuadas" é saber que precisamos uns dos outros para sustentar nossas diferenças e limitações. Essa experiência carinhosa nos ensina a desconfiar de um saber-poder incomum e insustentável, que visa manter as hierarquias injustas, os senhores, as idealizações e os fetiches, tão presentes em tantas instituições psicanalíticas.

Podemos ainda discutir o processo de formação do analista enquanto desfetichização, pensando numa aproximação entre Freud e Sócrates. Ambos os pensadores utilizam o conhecimento do flautista como protótipo para criticar as idealizações ou desidealizações de seus ofícios.

Em sua jornada filosófica Sócrates (XENOFONTE, 1999) tentou disseminar um tipo de pensamento que dizia: "Só sei que nada sei". Esse pensamento tem como pano de fundo uma briga contra os sofistas. Esses eram filósofos especialista na arte da oratória, que faziam do conhecimento um campo de guerra, em que pouco importava o fundamento do que se dizia. Para os sofistas o importante era "parecer ser" um bom filósofo e vencer as batalhas lógicas. Sócrates diz que é fácil ser um bom sofista: basta ter uma flauta bonita e andar com bons flautistas – todo mundo o reconhecerá como um bom flautista. Mas que nunca ninguém peça para o *fake* tocar uma flauta! Os encantos e as idealizações sustentados pelo objeto reluzente se desfazem e a farsa sofista acaba.

Por mais curioso que pareça, Freud (1905/1996a) também se utiliza de uma metáfora fálica com uma flauta para falar sobre o processo analítico. No seu texto *Sobre psicoterapia*, Freud (1905/1996a) cita uma passagem de Shakespeare na peça *Hamlet*. Nesta o príncipe da Dinamarca inventa um plano de aparentar estar louco para descobrir quem foi o assassino do Rei, seu pai. No desenrolar de sua estratégia, o príncipe percebe que seu amigo está possivelmente o traindo na tentativa de desmascarar seu plano para ajudar o assassino. A tentativa do amigo de Hamlet era utilizar da amizade para descobrir se o jovem príncipe estava de fato fingindo sua loucura para descobrir a verdade sobre a morte do Rei. Depois de tanta insistência do amigo traiçoeiro, Hamlet pega uma flauta e pede para que ele a toque. Depois de muitas negativas do amigo, o príncipe da Dinamarca diz: "Se você não consegue tocar essa flauta, pretende tocar minha alma?!" (SHAKESPEARE, 2010). Para Freud (1905/1996a), essa passagem demanda a percepção do trabalho do analista não como sofista – como dizia Sócrates –, mas de quem sofreu as resistências e entende o conflito psíquico na própria carne. É preciso ter tocado a própria alma para depois tocar a flauta do sofrimento de outrem (FREUD, 1905/1996a).

Desfazer o fetiche seria como tocar essa flauta segundo Sócrates e Freud. Alcançando o conhecimento pela experiência, alcançando a alegria depois de reconhecer a castração, e, principalmente, depois de desfazer as lógicas de dominação. Quando Freud abandona a hipnose rumo à técnica da associação livre, ele está abandonando uma lógica de dominação/sugestão para uma lógica da diferença e respeito (FREUD, 1895/1996). Respeito ao saber do inconsciente, as resistências, as contradições humanas. Precisamos tocar a flauta em nossa análise, em nossa clínica, em nossos estudos. Porque tocando essa flauta a psicanálise torna-se uma entidade viva com seus avanços e imperfeições e não um artigo fetichista reluzente num pedestal.

Um título pré-estabelecido para uma formação, ou uma escandalosa proposta de inserir a formação de analistas em nível de graduação, seria uma compensação ilusória ao desejo de que "aconteça o que acontecer" no final, o sujeito será o espelho do que diz um documento ou diploma. Ao contrário disso, numa formação em psicanálise precisamos nos tornar o espelho de nossas experiências, sustentar nossas diferenças, angústias e singularidades juntos a nossos pares. Por isso é importante que as instituições de formação de analistas sejam críticas e combatentes das lógicas tradicionais de regulamentação como MEC, as buscas de regulamentar da formação dos psicanalistas etc. Porque o único regulador da clínica psicanalítica, do movimento psicanalíticos e de suas instituições é a própria ética da psicanálise.

O sonho com um psicanalista famoso

No segundo semestre daquele primeiro ano de início da formação, alguns participantes da Roda de Psicanálise foram até o Rio de Janeiro para participar de um encontro promovido por um determinado grupo de formação em psicanálise. O motivo de nossa ida ao evento eram dois:

primeiramente o interesse pelos temas discutidos nos seminários; depois, porque esse evento contaria com a presença de um famoso psicanalista cujas ideias nos interessavam. Também chamaremos esse sábio psicanalista de senhor A. Além desses motivos, um elo de ligação para nossa presença nesse evento foi uma companheira que se mudou de Maringá para o Rio, acabando por iniciar uma formação em psicanálise nessa instituição.

A surpresa é que quando chegamos fomos recebidos e apresentados por essa colega e a todos os demais membros daquela formação como "os amigos psicanalistas". Isso aconteceu porque essa colega sabia que estávamos em formação. Provavelmente, um outro motivo por ela nos chamar de psicanalistas, era sua alegria em receber a visita de amigos de sua terra natal, cidade até então desconhecida para os cariocas. Nem é preciso dizer que sentimos a sensação da "carroça colocada na frente dos bois". Esse acontecimento nos causou um estranhamento comum aos iniciantes numa formação em psicanálise: como pode todos me tratarem como psicanalista se nós ainda não havíamos nos autorizado? E agora? De onde vem essa autorização? Um título ou uma carteirinha com certeza nos livrariam dessa angústia!

Finalmente nossa companheira nos apresentou ao famoso psicanalista da área, o senhor A. Nós havíamos lido um texto dele algum tempo atrás, e as lembranças de fato despertavam bastante admiração. Fomos apresentados a ele banhados pelo clima de generosidade, formando os pré-requisitos fundamentais de um saudoso encontro. Quando chegou a hora de conhecê-lo, veio a surpresa, não havia nada de mais nele. Era um senhor gentil e muito risonho. Com certeza uma pessoa sempre muito simpática e agradável, porque sempre estava rodeado de muitas pessoas. Falamos que o conhecíamos devido à leitura de alguns artigos e que estávamos felizes por estar naquele evento. Com o desenvolvimento da conversa o senhor A, foi aos poucos se transformando em sábio aos nossos olhos e respondeu com um chiste retirado de uma passagem de Juca Chaves. Ele disse assim: "Uma vez Juca Chaves encontrou com uma pessoa que havia comprado um de seus discos e que lhe disse: Ah! então você é o cara que fez aquele disco?. E o Juca respondeu: Ah! então foi você quem comprou!" Diante do chiste, todos rimos e seguimos adiante.

A admiração de todos pelo velho sábio ficou clara com o decorrer das falas. Durante o evento muitos seminaristas no meio de sua apresentação pediam desculpas chistosas a esse psicanalista por utilizar um alemão ruim. A coisa chegou ao cúmulo de eles rivalizarem entre si sobre qual seria a interpretação correta de um termo alemão empregado por Freud no texto em discussão. Brincadeiras que a maioria tupiniquim passava ao largo de entender. Nós pensávamos: "esse senhor A é maluco, olha como ele está corrigindo todos esses intelectuais!". Mas ao mesmo tempo ríamos por dentro, porque sabíamos que tudo no fundo era banhado por muito carinho, era uma "tiração de sarro", uma "tiração de onda" entre apreciadores do idioma alemão, brincadeira de quem é muito próximo. Como o próprio Freud nos ensina: o cômico não se tornou trágico porque todos estavam sob o mesmo ideal (FREUD, 1905/1996b).

Depois do evento nos despedimos de todos e fomos jantar. Nessa noite eu tive um sonho. Nele havia um jovem senhor bem esquisito, de aproximadamente 50 anos. Nós estávamos sentados em um banco de praça e ele estava nos ensinando algumas passagens em alemão. Quando acordei percebi que este conteúdo estava vinculado com o evento da noite passada, devido àquele conflito entre os convidados sobre os termos em alemão.

Logo comecei a rir e descobri na hora do que se tratava: era uma realização de desejo, mais infantil impossível! Aconteceu uma identificação envolvendo nossa figura com os convidados do evento, num desejo de ter passado pelo mesmo aprendizado que eles. Ah! Como seria delicioso participar daquela discussão em alemão! Mas ficamos curiosos, porque no sonho esse senhor tinha cabelo e um nariz de batata, características que não correspondiam ao tal psicanalista famoso, senhor A. Depois de algumas associações livres percebi que esse jovem senhor representado pelo psicanalista era a condensação de duas figuras paternas, de mestres importantes em minha jornada. Para Freud (1900/1996a) a condensação é um mecanismo psíquico oriundo dos processos primários do inconsciente e é responsável por condensar, juntar conteúdos da vida anímica. Segundo o autor, os sonhos possuem a finalidade de realizar desejos (1900/1996b).

Também podemos propor a compreensão de que os conteúdos associados sobre "quem fala bem alemão" e "quem não fala bem alemão" remetiam às discussões dos textos "lembranças encobridoras" e às fantasias infantis sobre a psicossexualidade que estudamos no primeiro módulo da formação (FREUD, 1899/1996). Percebemos que no fundo aquelas estórias e fantasias sobre "a formação têm título?" ou "de onde vem os analistas?" haviam se conectado com perguntas mais antigas esquecidas nas ilhas inconscientes do infantil fantasmático sobre "de onde vêm os bebês?", "Porque os meninos têm pipi e as meninas não?". Demo-nos conta das ilusões, idealizações e fetiches que rondam a "figura do analista". Principalmente como alguém que possui algo que outros não tem. Afinal: "de onde vêm os analistas?" Tocamos a flauta na busca de compreender por que o fetiche pode se manifestar no brilho reluzente das titulações e no que "mais o valha", cuja finalidade psíquica é encobrir a castração.

Com esse sonho, percebemos que ser psicanalista não é "ter algo a mais". Mas alguém que tem por ofício trabalhar com os "sentidos" produzidos pelo humano diante da tensão de estar entre o animal e o além do homem. Assim como a diferença entre idealização e sublimação está na ênfase do objeto ou no caminho da pulsão, o processo de formação em psicanálise e autorização do analista não está no resultado ou no título, mas no caminho que se caminha, ora sozinho, ora com os pares. O segredo como era de se esperar, não estava na flauta... mas nos infortúnios e virtudes de buscar tocá-la.

2

O SACRIFÍCIO DO ANALISTA, OU: DE QUEM É O TESOURO DE UMA ANÁLISE?

Texto arado pela formação do Sedes-Roda.
Silenciosamente semeado por Samara em nossas viagens.
Quando dei por mim,
Já tinha frutos.

(Antonio)

O recibo

Nestas páginas não vou escrever sobre o fim da análise de um paciente, mas sobre o fim de um tratamento. Esse fim de tratamento me fez pensar na manifestação do complexo de Édipo em nossa clínica cotidiana, com nossos pacientes, na chamada transferência, sob uma óptica diferente da usual.

Sabemos que o complexo de Édipo pode e deve ser entendido como núcleo das neuroses (FREUD, 1916/1996b). Seu acontecimento na primeira infância trará marcas psíquicas que se perpetuarão por toda a vida do sujeito diante da infinita repetição de um infantil fantasmático, coroado pelos conflitos edípicos. Quando pensamos em Complexo de Édipo também precisamos levar em consideração todos os demais elementos que o compõem juntamente à escancarada relação de amor e ódio entre a criança e seus pais. Afinal esse complexo não teria essa denominação se fosse capitaneado e constituído por um único elemento. Ser um complexo equivale a ter uma rede de edificações em torno do seu núcleo. Um complexo esportivo recebe esse nome porque é constituído por várias estruturas – quadras, piscinas, campos etc. – que ganham uma unidade por situarem-se em torno de um mesmo tema que é o esporte. No caso do Complexo de Édipo, esse núcleo é a relação de amor e ódio entre uma criança e seus pais. Trama essa cujo núcleo conflituoso é representado pelo mito grego de Édipo Rei, que seguindo um destino trágico mata seu pai e deita-se com a mãe (FREUD, 1900/1996c).

Para Freud os mitos são os sonhos da humanidade e trazem escondidos em seus enredos desejos inconscientes da humanidade (FREUD, 1900/1996). O medo da tragédia incestuosa vivida por Édipo é ressuscitado a cada nova criança (e/ou bebê) que inconscientemente lida com o terror do incesto (FREUD, 1987/1996). Ao redor desse núcleo temos o medo da castração, a inveja do pênis, as consequências psíquicas da distinção anatômica entre os sexos (FREUD, 1925/1996), o surgimento do ideal do Eu como seu herdeiro (FREUD, 1923/1996a); as escolhas de objeto; a impressão da matriz para as representações da vida amorosa (FREUD, 1910b/1996); dentre tantos outros elementos que lhe são constituintes.

É usual e cotidiano percebermos que a trama do Complexo de Édipo está constantemente atualizada nas sessões de análise em que a escuta do inconsciente se faz presente (FREUD, 1912/1996). Isso acontece porque o complexo de Édipo seria uma das grandes barreiras impostas aos sujeitos civilizados tornando-se um propulsor recorrente nas fantasias infantis dos neuróticos (FREUD, 1907/1996). Essa fantasia invade os consultórios psicanalíticos quando estamos dispostos a escutá-la. Uma de suas manifestações mais gritantes é a transferência erótica. Isso acontece porque todo o conflito inconsciente trabalhado é deslocado para figura do analista tornando-se um sintoma *in loco*. É recorrente pensarmos que essa transferência erótica que se instala em nosso trabalho esteja à serviço da resistência, o que é verdade (FREUD, 1915/1996). Mas se pensarmos que o complexo de Édipo é constituído por uma série de elementos, não deveríamos estar atentos para cada singularidade no disfarce de suas manifestações?

Com base no exposto, eu gostaria de falar sobre o Complexo de Édipo e seu surgimento no trabalho analítico. Contudo não pelo viés do amor, mas do ódio e da morte. Proponho uma discussão diante do caso de um paciente cujo tratamento, bastante breve, entrou em um impasse, justamente pela intensa carga de impulsos destrutivos e mortíferos. As raízes desses conflitos foram forjadas por suas fantasias edípicas, que foram deslocados para a figura do analista. Essa dimensão de destruição e morte estava diretamente vinculada à ambivalência edípica do paciente com as figuras masculinas que habitavam sua vida psíquica infantil. A questão que ficou evidente era: o que fazer com essa raiva? Ela era resistência e/ou atuação (acting out)? O que fazer diante da sede de destruição do analisando dirigida ao analista? O que fazer quando a carapuça que a transferência coloca é a dos pais que precisam ser mortos? Se, como propôs Freud, a dissolução do complexo de Édipo está subentendida na capacidade de usufruir de um tesouro conquistado pelo sujeito em sua jornada, qual seria o sentido dessa herança (FREUD, 1913/1996)? Nesse percurso, recorrerei especificamente aos ensinamentos de Freud em sua obra *Totem e Tabu* (1913/1996) para delinear uma possibilidade de análise e a interpretação dessa problemática diante da especificidade dessa transferência.

O paciente era um professor universitário, casado e com dois filhos. Marlus já chega com o tema da morte debaixo do braço. Nas primeiras sessões falou sobre uma tristeza que lhe acompanha a vida toda devido a morte de seu pai e de sua mãe, quando ele ainda engatinhava. Os pais haviam morrido tragicamente em um sequestro seguido de morte que aconteceu em outro estado da federação quando ele ainda era bebê. Soma-se a essa perda uma relação muito desvalida com os avós que cuidaram dele dali por diante. Marlus tinha descendência oriental, olhos delicadamente puxados, cabelos cumpridos amarrados como um samurai e muitas tatuagens orientais pelo corpo. Dentre as tatuagens que mais saltam aos olhos do espectador está a figura do Oni e das carpas.

No decorrer das primeiras sessões o paciente conta que os avós sempre foram ausentes em sua vida. Na juventude o avô, homem endinheirado, dono de um restaurante japonês tradicional da cidade de São Paulo, costumava manter uma gorda conta corrente à sua disposição, embora nunca se fizesse presente. Sua avó era uma dona de casa mergulhada em rituais obsessivos e limpezas de uma casa constantemente entulhada. Soma-se a essas duas ausências em sua vida um resto de uma análise anterior que ele trouxe para o seu trabalho comigo. Repetidas vezes o paciente se queixou de seu antigo psiquiatra/terapeuta. Dizia que ele foi uma figura importante em sua infância e adolescência, porque lhe deu amparo e segurança em momentos de delinquência, tristeza e angústia. Sempre tivera relacionamentos amorosos difíceis e os términos eram sempre terroríficos. Nesses momentos, o antigo psiquiatra/psicoterapeuta era valioso como sustentação. Mas ao mesmo tempo o paciente reclamava que tinha gastado um "dinheirão com ele". Marlus dizia: "Quando a vida adulta chegou esse antigo psiquiatra foi rigoroso e pedia para eu ir três vezes por semana nas sessões. Não sei se valia tanto dinheiro! Mas não era eu quem pagava mesmo!".

Marlus dizia que agora na vida adulta que era um profissional que ganhava o próprio dinheiro e sabia o valor do vil metal. Mas dentre tantas reclamações do paciente sobre seu antigo psiquiatra/psicoterapeuta, tinha uma que sempre era ressaltada pelo paciente: esse psiquiatra nunca tinha dado nenhum recibo dos honorários pagos. Por isso, ele sempre fazia questão que as sessões comigo fossem feitas mediante recibo. Inclusive, em muitas oportunidades, ele me agredia veladamente dizendo que o antigo psiquiatra cobrava o "olho da cara", um valor muito elevado se comparado ao meu, porque ele era um "médico bam-bam-bam da cidade dos avós". Esse antigo psiquiatra de Marlus era uma mistura de médico-psiquiatra-terapeuta. Nesse momento nós trabalhamos bastante a lógica do *fetiche* presente em seus sintomas e reclamações do antigo psiquiatra. Essas queixas sobre os valores das sessões eram um disfarce para algo latente mais profundo e doloroso. Embora alguns profissionais de fato se acostumem a lucrar com o sintoma do paciente deixando a finalidade analítica para segundo plano.

Winnicott (1987) foi primoroso ao desenvolver sua teoria do desenvolvimento emocional primitivo, atestando que a delinquência seria o resultado de algo na ordem da privação na realidade psíquica do sujeito. Claramente o antigo psiquiatra havia feito algum trabalho que tocou nas camadas inconscientes de sua delinquência. Mas sem dúvida nenhuma, havia um resto de análise e transferência negativa que se repetia novamente nas sessões atuais comigo.

O paciente começou a pensar como o valor da sessão não era uma garantia de nada. Passou um bom tempo trabalhando sobre "o que se paga" em uma análise, e "o que se recebe" nela. Ao contrário do que se imagina, uma sessão não é paga somente com o dinheiro. Uma análise também é paga com o corpo, o inconsciente, a dor de se despir das defesas entrando em contato com afetos, desejos e conflitos. A análise é um trabalho que não pode ser alienado, uma vez que não se pode pagar alguém para fazer o trabalho por nós. É necessário arregaçar as mangas e enfrentar a dor de querer saber sobre as "formações do inconsciente" (LACAN, 1957-58/1999). Enfrentar a dor e o prazer de ousar saber. O que se recebe em uma análise está diretamente vinculado a essa fonte inconsciente de matéria-prima que não cabe no relógio ou no PIX. Por isso as cifras, os números, dias e tempos de sessão vão muito além dos números concretos encontrando nos deslocamentos e condensações representações simbólicas que reconfiguram seus sentidos e ganham uma outra lógica, a lógica do inconsciente e do trabalho de uma análise. O dinheiro, seu valor e seus números são apenas mais uns dentre tantos os sulcos e fendas pelos quais o inconsciente se derrama. Portanto, deveríamos saber qual o sentido do dinheiro na vida desse paciente. Afinal, o dinheiro é um equivalente universal que se encaixa perfeitamente na universidade do inconsciente (VIVIANI, 2014).

Analisamos como essa queixa de um trabalho insuficiente de seu antigo psiquiatra junto à depreciação de seu atual analista eram características de uma transferência negativa e resultado da fantasia de "outra coisa" sem recibo. Nem precisamos aprofundar o assunto de que o dinheiro possui uma equivalência simbólica com as fezes, o surgimento dos bebês, o falo etc. (FREUD, 1923/1996b). Tudo era na verdade um *cavalo de Troia* resultado de um deslocamento das representações das figuras "sem capital" e "em dívida" em sua vida como: os pais mortos, os avós ausentes, um antigo psicoterapeuta que não lhe retornou algo etc. Se não me engano, nos tempos da acumulação primitiva de capital, o valor do dinheiro/moeda dos países tinha ligação direta com o lastro de tesouro/ouro que cada estado nacional possuía em seus cofres (FERGUSON, 2008). Soma-se a isso a importância da capacidade de produção de bens em cada nação. É esse lastro que torna possível a existência de moedas fortes e fracas na balança comercial. Era desse tesouro, dessa valorização ou desvalorização, que o paciente estava falando. Mas de onde vinha o lastro para que o PIB de sua vida tivesse força o suficiente para o paciente usufruir dela? Por isso, no fundo Marlus estava falando sobre o tesouro da vida afetiva, que ganhamos quando fazemos o *check-in* para nossa estadia na família, na escola, no casamento e na civilização. A condensação pais/antigo-psiquiatra/atual-analista repetia a raiva e a insatisfação diante de uma fragilização da inscrição desse tesouro narcísico. É justamente o tema do tesouro inerente à dissolução do complexo de Édipo que abordarei.

O paciente passou muito tempo trabalhando sintomas que mudavam de personagens, mas giravam em torno dos mesmos temas. Um dia Marlus disse que estava guardando uma informação durante meses. Sua relação com os filhos e a esposa tinha mudado de forma considerável. No trabalho também estava caminhando bem, porque conseguiu enfrentar sua coordenadora, pedir aumento de salário, melhorar seus horários para poder ficar mais tempo com os filhos. Marlus cresceu em São Paulo, mas depois que passou em um concurso mudou-se para o Paraná. Conheceu a esposa, casou-se e teve filhos. Mas desde o nascimento das crianças o casamento vivia em pé de guerra.

Então ele me disse:

— Eu não te contei isso, sobre esses avanços antes, porque não queria que você ficasse se achando!

Eu disse:

— Para esses ganhos eu não tenho recibo!

(Rimos juntos)

Com essa frase trabalhamos como as queixas sobre o antigo analista haviam se deslocado para minha figura. Não me contar sobre esses avanços trazia fantasias relativas a um medo e uma raiva de ser roubado em suas conquistas. Como se eu fosse ficar com o mérito desses avanços. Esse foi um momento difícil de transferência negativa.

A morte dos pais da Marlus marcava um enigma que o acompanhava por toda a vida. Esse enigma versava sobre o paradoxo entre a banalidade do dinheiro que valia muito ao mesmo tempo que não valia nada. Marlus passou a entender que sempre teve em sua vida uma repetição de um sentimento de sentir-se roubado de grandes chances nos esportes da adolescência, dos amores na vida adulta. Trabalhamos como o dinheiro havia se tornado uma grande questão em sua vida porque ele era o significante universal diante da dor da morte dos pais e da dívida da vida com ele diante da violência desse crime hediondo.

O tesouro e a encruzilhada

As ideias freudianas presentes no texto *Totem e Tabu* fundamentam-se no desenvolvimento de quatro temas (MIJOLLA, 2005b). Primeiramente, temos uma valiosa comparação por analogia entre três tempos divididos em dois termos. Inicialmente utiliza-se a onipotência de pensamento dos chamados povos antigos para compará-los aos neuróticos e às crianças. O segundo tema-tese apresentado por Freud é uma consequência do anterior e traz a primeira explicação psicanalítica aprofundada do fenômeno da ambivalência. Os tabus seriam uma saída psíquica para lidar com a ambivalência, uma vez que a interdição veiculada pela repressão impede o livre pensamento diante de uma proibição. O terceiro aspecto examinado por Freud (1913/1996) diz respeito ao conceito de narcisismo. O quarto ensaio é o desenvolvimento do famoso mito da horda primeva revelando o complexo de Édipo como um lugar de destaque para formação da personalidade e da civilização.

Nesse quarto momento de sua obra Freud (1913/1996) crava o entendimento de que o complexo de Édipo é o núcleo das neuroses e o modelo mais importante para entendermos a formação da nossa subjetividade, a formação da civilização, os sintomas neuróticos etc. Para isso Freud (1913/1996) se sustenta na compreensão Darwiniana sobre o mito de uma horda primeva, um mito usado como protótipo de entendimento sobre o início do pacto social e um momento hipotético para a fundação do sujeito do inconsciente. Nessa horda primeva existiria um macho alfa que detinha todo o poder sobre os demais integrantes do bando. Esses eram cometidos por sentimentos de ódio, inveja e desejo por ocupar aquele lugar de exclusividade e tirania. Principalmente porque esse pai totêmico usufruía de todos os prazeres sexuais nessa organização primitiva. Os filhos então promovem uma insurreição contra esse tirano, o matam e o comem. Esse ato de comer é mais do que a satisfação do estômago, ele também comporta uma satisfação libidinal e afetiva, porque comer o pai é incorporá-lo até as vísceras. É como uma tia que morrendo de amor pelo sobrinho recém-nascido não aguenta diante de tanta gostosura e taca-lhes os dentes. Essa pulsão canibalesca-devoradora também apresenta-se nos namorados, que diante de tanto tesão não toleram apenas as carícias ternas e as brincadeiras sexuais, recorrendo às mordidas como forma de incorporar o objeto de prazer. Assim também foram os filhos do pai totêmico, que o devoraram impiedosamente (FREUD, 1913/1996).

Mas depois de feita a famosa refeição totêmica o ódio cedeu lugar para o amor e a culpa. Porque além de inveja e ódio pelo pai, também existia amor e admiração. Essa é a marca da ambivalência, porque amamos e odiamos os mesmos objetos. A culpa que nasce da morte do objeto odiado – e também amado – é importantíssima para nossa composição individual e coletiva. Primeiro porque faz nascer a fraternidade e as leis. Assim, ninguém mais deveria se sobressair aos demais como o pai totêmico o fez, e ninguém mais poderia ser como ele. Por isso Freud (1913/1996) diz que o cerne de toda civilização, com sua ética, leis e normas de conduta, tem por preceito básico a passagem da selvageria para a comunidade, tudo ancorado no complexo de Édipo, na culpa e na lei. Essa trama ambivalente entre pais e filhos traz uma outra herança que é o surgimento de uma nova estrutura psíquica denominada de *ideal do eu, do alemão Uberich* (traduzido por superego ou supereu).

O ideal do eu é uma herança psíquica do amor que se sobressaiu ao ódio, em que a perda de algo só é tolerada pela internalização desse objeto perdido: essa é a identificação melancólica, engrenagem psíquica que sustenta a formação do eu e do ideal do eu (FREUD, 1914/1996). Lacan, brilhantemente, chama essa herança de insígnias do ideal, porque eles são os tesouros que carregamos para seguir viagem depois de destronados do complexo de Édipo (LACAN, 1957-58/1999b). Essa é uma compreensão importante, pois só renunciamos ao Édipo se levarmos um bocado do que restou do banquete para seguir viagem. E a última herança psíquica ocorre como resultado daquela ambivalência que consolida o sentimento de culpa. Esse é o motor para se reparar a destruição feita, gerando um movimento de cuidar do que restou. Essas heranças do banquete totêmico sobre a formação do ideal do eu, a reparação, a culpa e o surgimento da fraternidade podem ser entendidas como o *tesouro neurótico* do complexo de Édipo. Um tesouro que é resultado direto da ambivalência com as figuras parentais. Talvez por isso, Freud (1913/1996) recorre a Goethe em sua famosa citação "Aquilo que herdaste de teus pais, conquista-o para fazê-lo teu" (FREUD, 1913/1996, p. 160).

Até aqui é tudo de muito fácil assimilação. Mas podemos problematizar um pouco mais esse assunto. Poderíamos pensar que o mito freudiano para complexo de Édipo balança levemente para um ligeiro protagonismo da figura paterna e dos homens. Quando pensamos no banquete totêmico vêm em nossa mente os "filhos" devorando o "pai". Mas onde estavam as mulheres, as mães, as crianças, as filhas? Elas não participaram do banquete totêmico? As mães estão na cozinha e as crianças estão no *playground* alheios ao momento de fundação da civilização? Essa exclusão das figuras femininas e das crianças no banquete totêmico e suas implicações sobre o desfeche psíquico e social é relevante. É sabido que as teorias freudiana e lacaniana estão ancoradas no chamado falocentrismo (para acalentar os defensores de Lacan e sua teoria, direi isso sobre o primeiro Lacan). Isso equivale a dimensionar o nome-do-pai como dispositivo central para a ascensão do sujeito individual e coletivo. Não existiria problema algum nessa preferência e unilateralidade se ela não trouxesse consigo uma série de projetos de dominação científico-epistemológico do masculino sobre o feminino, da ciência sobre a intuição, do adulto sobre a criança (ARMONY, 2013). Porque não poderíamos pensar que juntamente ao nome-do-pai, também se faz presente a função organizadora do nome-da-mãe, do nome-dos-irmãos. Não seriam eles democraticamente da mesma importância sobre a formação da nossa subjetividade e cultura?

Essa problematização de jogos de poder entre masculino e feminino, entre ciência e intuição, entre adultos e crianças, tem consequências profundas para nosso cotidiano clínico, nossa técnica e nossas interpretações. Vamos utilizar a metáfora presente na frase goethiana utilizada por Freud "Aquilo que herdaste de teus pais, conquista-o para fazê-lo teu". Essa frase está em perfeitas condições para o trabalho e a análise feita na perspectiva de Freud e Lacan. Isso porque os neuróticos estão em condições suficientemente boas de funcionamento de seu Eu, que lhes possibilitam sofrer do conflito entre o Ideal do Eu e o Isso. Eles possuem uma história individual, um romance familiar que lhe outorga a força para adquirir "o que herdaram de teus pais", sofrem por isso, lutam por isso, choram por isso.

Mas também existem pacientes que por motivos constitucionais ou episódicos não se encontram em condições plenas de lidar com a ambivalência das relações amorosas e sociais (WINNICOTT, 2013). Para eles esse tesouro/herança nem chegou a ser entregue, quanto menos estão em condições de possuir tal apreço. Algo falhou ou foi privado na equação: A (Aquilo que herdaste de teus pais) + B (Conquista-o para fazê-lo teu). Essa equação não fecharia porque não se sentem herdeiros de nada ou estão com a conta corrente no vermelho. Essa problemática nos faz pensar sobre a natureza do tesouro que herdamos e conquistamos no complexo de Édipo. Para Freud e Lacan esse tesouro é remetido pelo pai, porque, como vimos, tem suas teorias marcadas pelo falocentrismo. Mas existem outros paradigmas para esse mesmo tema. Para Sandor Ferenczi, Donald Winnicott e Melanie Klein, a análise sobre o *Totem e Tabu* pode ganhar novas cores, porque esse tesouro é também da mãe e da família como patrocinadores. Essa pequena mudança de foco nos abre dimensões importantes para nossa prática clínica e sobre os desfechos do complexo de Édipo. E é nesse momento que eu me encontrava com meu paciente, a partir da camada inconsciente sobre a morte dos pais de Marlus.

Depois de muito trabalho Marlus começou a apresentar resistências com relação ao horário da sessão. Ele dizia que depois de muito tempo passou a perceber como era importante estar mais presente na relação com seus filhos. Nunca se sentia totalmente presente na relação com eles, uma vez que nunca conseguira dizer não para todas as demandas do trabalho e dos estudos. Marlus já havia comprado uma briga no trabalho para sair mais cedo e ajudar a mulher nos cuidados com o filho mais novo, ainda bebê. Por isso também o horário de suas sessões tinha se tornado um problema. Nossos horários eram incompatíveis com o seu desejo de ficar com os filhos. De fato, meus possíveis horários não se enquadravam nas novas necessidades dele, por mais que eu tentasse. Por isso passamos duas sessões discutindo as possibilidades para ele continuar seu trabalho comigo. Até o momento em que ele disse:

"É, infelizmente não vai dar."

Foi quando eu me dei conta de que era justamente disso que se tratava: o sintoma do paciente havia se deslocado para a minha pessoa e os meus horários. Passamos longos minutos brincando de encontrar um horário que fosse suficientemente bom para ele. A vida nunca havia ouvido sua demanda. Principalmente diante da trágica morte de seus pais quanto Marlus ainda era bebê. Seus avós ausentes nunca tiveram tempo ou coragem para ajudá-lo a construir o risco do bordado sobre a estória dos pais. Era Marlus que sempre entrava na demanda dos outros. A vida fora para ele como o deus *Cronos,* que tudo come sem se preocupar com seus filhos. A vida não o havia dado a oportunidade de barganhar novos desfechos. Estávamos no terreno do que Freud (1914b/1996) chama de *"Repetir, recordar e elaborar".* Então eu percebi que estávamos justamente na encruzilhada edípica do conflito com os pais e a incorporação de seus tesouros. Mas também estávamos aprofundando as análises para o que Winnicott chama de desenvolvimento emocional primitivo. Estávamos na camada mais profunda de seu inconsciente em que esses dois paradigmas teóricos sobre o inconsciente se cruzavam, Freud e Winnicott.

Mais especificamente, estávamos no que Winnicott chama de fantasia arcaica de destruição em que o bebê destrói o mundo e a mãe. Para o autor, funcionando a partir do Holding, essa mãe essa precisa sobreviver a esses ataques sem atuar com retaliações contra o bebê e a criança. No caso do analista, uma transferência negativa. A sobrevivência do analista permitiria o "uso de objeto" em que a criança se vê diante da potencialidade de seu gesto criativo com o mundo (WINNICOTT, 1985a). Essa era a mina de ouro que estava em jogo no espaço transicional da sessão de Marlus (WINNICOTT, 1985a).

De um lado poderíamos analisar a sua resistência ao tratamento que estava se deslocando para os horários e ambivalência comigo. Por outro lado, que ele gostaria de continuar o trabalho por amor aos ganhos de agora. Marlus também estava se opondo ao tratamento por ódio e inveja do que eu representava. Também podíamos sentir no ar a agressividade disfarçada na sua bondade e tolerância com o analista sem horários. Porque o que ele estava dizendo era que tudo na sua vida era mais importante que sua análise, o que sugeriria uma desvalorização da figura do analista. Essa era a encruzilhada. Poderíamos continuar nessa trilha em que tudo seria analisado como uma resistência ao tratamento em que ele deveria se submeter à figura do analista-totêmico, que sabia melhor do que ele sobre os destinos do trabalho. Aqui não haveria lugar para discussões. A decisão para terminar o tratamento não deveria ser dele, mas do analista. Essa saída seria um pouco bélica, porque tencionaria um conflito de submissão, em que um outro não lhe escuta e não valoriza suas opiniões. Instalar-se-ia uma guerra para se adquirir e possuir a herança de seus pais. Marlus teria força para assassinar simbolicamente esse pai? Sabíamos que seguir por esse caminho seria arrebentar a corda que já estava por um fio. Continuar analisando e interpretando as resistências seria ocupar o lugar do pai totêmico, que não sabe sobre a fraternidade das relações.

Por isso estamos nas trincheiras daquela primeira equação A (Aquilo que herdaste de teus pais) e quais as possibilidades de seu desfecho pra a segunda equação B (Conquista-o para fazê-lo teu). Essa primeira equação (A) pode ser entendida como os investimentos narcísicos dos pais sobre o bebê. Esses investimentos são o grande tesouro herdado que é investido pelos pais e será a lenha para queimar a equação edípica e a dissolução do complexo de Édipo. Nossa equação ficaria assim A (Aquilo que herdaste de teus pais) (Narcisismo primário) (MÃE) + (Conquista-o para fazê-lo teu) (Narcisismo secundário/Édipo) (PAI).

A diferença recai sobre a inflexão na constituição do sujeito que pode ter o foco numa visão falocêntrica ou numa visão sobre a relação mãe-bebê. Essa diferença ganha corpo justamente no entendimento sobre o narcisismo primário (PLASTINO, 2013). Para Freud (1914/1996) o narcisismo primário é marcado pela selvageria da onipotência e do eu-prazer, em que o sujeito precisa se submeter ao princípio de realidade. Já na noção de Winnicott sobre o narcisismo primário não existe submissão, mas cooperação e mutualidade na apreensão do princípio de realidade entre a mãe e o bebê. A função materna não é apenas imaginária, mas também simbólica, porque sustenta a capacidade de o sujeito lidar com ambivalência e descobrir a alteridade sustentado nessa intenção (WINNICOTT, 1985). A mãe não é apenas um espelho como queria Lacan (1998). Mas a mãe (ou quem faz a função materna) é alguém que deixa de cumprir várias tarefas e missões em sua vida para sustentar seu papel de espelho e apresentar a realidade ao bebê (WINNICOTT, 1985b).

Por isso esse caminho da mutualidade sugere outra possibilidade para se entender e interpretar o que se condensava na figura do analista-pai-mãe-esposa-patrão-pai-totêmico-ladrão. Aqui olharíamos para a trama inconsciente sobre o momento de adquirir as heranças desses pais--mães que a vida lhe recusou. Aqui o analista precisaria se deixar devorar no banquete totêmico: como a mãe que continua amamentando os filhos diante de dentadas aterradoras, mesmo com vontade de afastá-los do peito, porque a dor da agressão é menos importante que a força da alimentação e continuidade da vida; ou quando os pais sentem a dor da separação, quando levam seus filhos para a escola e os deixam seguir em frente. Então eu disse ao Marlus Kamikaze:

> *Estamos em uma encruzilhada. De um lado temos todas as resistências ao tratamento e uma agressividade destinada ao que eu represento neste momento. Isso de fato precisa ser trabalhado. Mas por outro lado temos um importante avanço no seu trabalho. Pois para quem chegou aqui sofrendo por uma dificuldade de fazer lutos, sugerir a morte-separação do analista é um passo importante. Talvez você esteja fazendo comigo o que gostaria de fazer com todas as figuras de autoridade que passaram pela sua vida, em que você não teve a possibilidade de barganhar um desfecho. Você está saindo de um lugar de submissão para ativamente propor uma separação. Esse pode ser um grito de independência. E ao contrário dos seus pais e dos seus avós, do seu antigo analista, que não lhe ouviram, você encontrou um lugar para suportar esse sacrifício. E principalmente decidir sobre o legítimo valor das coisas.*

Marlus chorou.

Eu me senti como um pai totêmico devorado naquele momento, tamanho era o clima de agressividade. Ele se levantou e me deu o pagamento em mãos. Tratava-se de um acontecimento ímpar, pois todos os seus pagamentos foram feitos por depósito eletrônico e não diretamente na sessão. Ao sair ele me disse:

"Antonio, fica tranquilo, eu não vou procurar outro analista. Quando eu precisar, te procuro."

Eu respondi:

"Seja qual for A SUA escolha. Eu estarei aqui."

Quando ele saiu eu senti uma enorme tristeza, porque sabia que não era o momento de ele partir, ele precisava de mais tempo, analisar mais coisas. Mas descobri que os tesouros e heranças de uma análise não são do analista, são do paciente. Aqui a abstinência do analista é fundamental. Ele havia me sacrificado, me devorado. Ele também havia herdado seus tesouros. Minha tristeza foi cortada por uma vontade de rir quando uma música dos Beatles veio parar na minha cabeça: "You say goodbye, and I say Hello... Hello! Hello!".

Meses depois do fim do tratamento de Marlus eu descobri o significado da tatuagem de Oni que ele carrega de forma exuberante no ombro. Segundo Anesaki (1945) em seu livro sobre mitologia medieval japonesa, o Oni é um importante personagem nessa mitologia oriental. O Oni seria o representante dos demônios e dos seres sobrenaturais que representam o horror. Por isso, as máscaras de Oni utilizadas no teatro japonês da antiguidade possuem uma estranheza peculiar. Dependendo do prisma em que ela é olhada, ela apresenta um jogo de perspectiva que faz a máscara oscilar entre o horror, a tristeza e o riso. Por isso, embora seja uma máscara demoníaca, ela também é valorizada como um símbolo de sabedoria e boa sorte. Conta a lenda que Buda era protegido por uma série de bons espíritos, mas ele também era protegido pelos espíritos demoníacos e pelo horror dos Onis. Por isso, o personagem e a máscara de Oni representam a possibilidade de transformar o medo e o horror em sabedoria e proteção. Uma transformação restrita aqueles que ousam enfrentar o paradoxo e o horror na travessia desse fantasma. Marlus, de fato, estava ganhando novas perspectivas diante do destino...

3

A CARTA BOMBA

As cartas e a carta-bomba

Este texto nasceu de um dos seminários do módulo III da formação básica em psicanálise no qual eu apresentei a obra *Luto e Melancolia*, de Sigmund Freud. Obra publicada pelo psicanalista de Viena em 1914. Mais especificamente, o que me chamou a atenção no texto foi o momento em que Freud (1917/1996) discutia a relação entre o suicídio e a paixão. Pautado em sua segunda tópica pulsional sobre a libido do eu e a libido objetal, Freud (1917/1996) diz que o suicídio é como um peso contrário da paixão, porque enquanto um é resultado do transbordamento da libido para o objeto o outro é consequência da inundação da libido sobre o eu. Nesse momento das discussões sobre o texto eu ri, dizendo que gostava muito dessa comparação freudiana, e a psicanalista Nanci disse: *"pode ser mais do que o transbordamento da libido, também envolve as questões do ideal do eu e do eu ideal"*. O assunto terminou por ali. Mas esse apontamento me atravessou e então decidi mergulhar nessa problematização buscando resolver alguns impasses e reflexões de minha clínica que envolvem a temática do suicídio e da paixão.

Lembro uma importante contribuição na obra de Jacques Lacan intitulada *A carta roubada*. Nele Lacan (1955/2010) esclarece toda a sua teoria sobre a estruturação do inconsciente como linguagem, sua compreensão acerca da alienação subjetiva em nossa constituição, dentre outras marcas do sujeito do inconsciente formado a partir do grande Outro. O desenvolvimento do texto é surpreendente, porque Lacan (1955/2010) nos demonstra os "pontos-cegos" de nossas relações intersubjetivas e os "nós intergeracionais" que operam na constituição do psiquismo. E faz isso ressaltando que a construção das neuroses ou psicoses não é algo exclusivamente intrapsíquico, mas que leva gerações para se constituir. Uma compreensão marcante que o texto de Lacan (1955/2010) nos possibilita entender é a expressão da equação: a neurose dos filhos também possui como etimologia o sintoma dos pais. Essa é uma formulação impactante sobre a transgeracionalidade dos sintomas diante dos seus núcleos neuróticos, não neuróticos e traumáticos.

Podemos utilizar tais ideias de Lacan (1955/2010) sobre a carta roubada para pensar as estruturas clínicas como um movimento de circuito do desejo, das fantasias e das repressões/denegações/foraclusões sobre as mensagens/cartas que simbolicamente representam nossas vidas. Porque quando nascemos estamos situados no desejo dos pais ou cuidadores, e isso fundamenta a vida dando o impulso para iniciarmos nossa jornada. Mas isso também é alienante, porque marcados pelo desejo do Outro, temos que nos desvencilhar e trilhar nosso próprio caminho. Então somos estruturados com sujeitos desejantes a partir do desejo do Outro. Somos como mensageiros de uma carta cujo conteúdo-mensagem e seus destinos podem tomar vários contornos e desfechos.

No caso das neuroses têm-se de fato sujeitos marcados pelo "roubo" de muitos dos significantes que norteiam suas vidas. Os neuróticos sofrem de uma cisão do Eu em que o ideal do eu se coloca diante desse eu promovendo conflitos, repressões e divisões, em que o que resta para ele é perder-se de si mesmo. Quando Freud (1905/1996a) nos diz que as histéricas sofrem de reminiscências, ele está apontando para um eu distônico de si mesmo, em que uma parte da realidade psíquica deixa de nos pertencer devido à repressão. A neurose é uma mensagem que chega ao seu destinatário rasurada, incompleta, desconhecida a tal ponto de o portador da carta não saber de seu conteúdo. Assim como o sonhador é enganado sobre o verdadeiro sentido do seu sonho, o mesmo acontece com os sintomas neuróticos (FREUD, 1900/1996d). Parodiando Freud: não somos donos de nossa própria carta (FREUD, 1917/1996b)! É justamente esse o espanto que o ato falho provoca, demonstrando-nos que somos portadores de mensagens escondidas que ainda precisamos nos reconhecer como destinatários (FREUD, 1901/1996). Por isso o neurótico, parafraseando o marquês de Sade, é um ladrão de si mesmo (SADE, 2009). O próprio Freud (1908/1996) utiliza a metáfora do roubo para falar sobre os neuróticos, ele diz que a civilização atua como um capitalista que rouba a libido de seus integrantes para utilizá-la de acordo com as suas exigências, assim a civilização faz do neurótico um alienado de si mesmo.

Podemos avançar um pouco mais nessa metáfora a partir de Lacan (1955/2010) sobre "a carta roubada" e entender que os sujeitos psicóticos possuem uma estrutura clínica em que seu funcionamento aponta para uma "carta publicada". Isso acontece porque os psicóticos sofrem da angústia de fragmentação, resultante do conflito entre o eu e a realidade (FREUD, 1924/1996b). O resultado é um eu que se utiliza da projeção contumaz como defesa, em que todos os conflitos e conteúdos inconscientes são projetados sobre a realidade, numa tentativa desesperada de negá-la ou distorcê-la (FREUD, 1911/1996). Se preferirem podemos utilizar a compreensão lacaniana de que a psicose resulta da foraclusão do nome-do-pai, em que o significante aparece no real e o sujeito apresenta um inconsciente a céu aberto (LACAN, 1955-1956/1988). O que nos interessa aqui é que esse inconsciente a céu aberto corresponde a uma carta publicada a todos, em que a separação entre o eu e o não eu é frágil e desnudada. Há um caso de um paciente psicótico por exemplo, que sofreu de sucessivas falhas, privações na relação com seus pais em sua primeira infância. Soma-se a isso uma fragilidade afetiva, que nessa ocasião, nos primórdios de sua constituição, contribuiu para um colapso do seu eu. O resultado é que sempre que esse paciente sente os mínimos desejos homossexuais e/ou agressivos, mesmo que sublimados, e que poderiam ser vindos de uma amizade por exemplo, o paciente entra em delírio paranoico. Nesses delírios as figuras de personalidades tirânicas como Lúcifer e os demais demônios, são imaginariamente invocadas para sequestrar e matar os algozes violentadores de menores. Por isso essas figuras opressoras acabam reinstalando a paz e a justiça. Ou seja, ele projeta no mundo suas misérias travestidas em figuras malévolas e prepotentes para contrabalancear sua fragilidade, sendo assim, a carta de sua vida está publicada para todos em seus delírios.

  Podemos pensar também nos pacientes borderlines ou limítrofes que sofrem de uma angústia de perda de objeto em que seu tesouro simbólico parece ter sofrido falhas, tratando-se, portanto, de uma "carta fragilizada". Esses pacientes, como nos propõe Winnicott (1982), ao contrário da neurose e da psicose sofrem de uma angústia de perda de objeto, em que a vida parece não fazer sentido. É frágil. É como se as letras das cartas de suas vidas tivessem sido gravadas com pouca tinta e por isso existe dificuldade de enfrentar os conflitos, como se houvesse uma dificuldade de ler e interpretar os sentidos da própria vida, da própria mensagem-carta. Situação essa que gera raiva e impulsos de rasgar a carta por ódio; por isso a autodestruição e passagens ao ato são tão comuns.

  Mas queremos tratar neste estudo de nossos pacientes com ideações ou atos suicidas. Esses pacientes trazem em ato ou fantasia o desejo de colocar fim na própria vida. A palavra suicídio vem do latim *Sui* (si mesmo) + ídio (matar) = matar a si mesmo. Portanto temos pacientes que chegam em nosso consultório com a queixa explícita de vontade dar fim à própria existência. Mas também existem aqueles pacientes nos quais essa queixa é implícita aparecendo apenas em fantasias ou fatos aparentemente acidentais. Mas o fato é que tanto em um quanto em outro caso, sempre lidamos com o susto e o absurdo do tema da autodestruição. Por isso podemos dizer que no caso dos pacientes com ideações suicidas o que temos é uma "carta bomba", em que o conflito se desloca sobre a vontade de atear fogo sobre a carta-mensagem e o mensageiro da própria vida. É como se algo precisasse ser destruído urgentemente a qualquer custo. Claramente as tentativas e ideações suicidas são sintomas, e como nos diz Lacan (1975-1976/2007) o sinthoma "fala". Por isso torna-se necessário escutar a serviço de qual estrutura, natureza da angústia, traços de caráter e fantasias esse sinthoma se apresenta.

Lembro-me de uma paciente com ideações e atos suicidas que após cada uma de suas tentativas de suicídio a sua mãe me telefonava. A cada telefonema para relatar os acontecimentos, o que arrepiava nessa mãe era sua fala gélida e absurdamente calma. Nos telefonemas, a mãe sempre relatava a suposta frieza da filha, que não lhe destinava a atenção e o valor merecidos. Sua fala sobre uma filha sem sofrimentos, ou com sofrimentos menores que os dela, não condizia com a paciente atormentada que eu atendia. Nesse momento, do ponto de vista da contratransferência, eu senti a explosão da carta bomba instalada entre a mãe e eu. Uma carta bomba que acabou se extraviando até mim. Cujo remetente era da paciente, e seu destinatário era a mãe. Por que uma carta bomba extraviada? Talvez porque explosão nenhuma destrói o que já estava morto. Explodir aquela mãe seria como beliscar a pele morta do cotovelo: beliscamos sem sentir dor, mas fazemos questão de ver avermelhar a pele só para ter certeza de que a pele está viva. Definitivamente tratava-se de uma mãe morta em sua sensibilidade para os sofrimentos da filha. A partir desse momento de sua análise, essa paciente em específico começou a problematizar a tênue linha entre a fantasia e a realidade de que seus pais e familiares não tinham verdadeiros olhos para o seu sofrimento. Os familiares eram um espelho opaco para o seu sofrimento. Contexto que trazia ainda mais dor para a paciente, Patrícia.

Patrícia era uma paciente com os olhos grandes. Mas opacos. Chegou ao meu consultório queixando-se de que a sua vida não tinha sentido. Ela dizia viver uma vida falsa porque era bem-sucedida no trabalho. Sempre tirou boas notas na escola. Sempre teve muitos homens procurando por ela. Mas Patrícia dizia que tudo isso soava falso porque nada fazia sentido. O sucesso no trabalho a deixa irritada. As notas na escola, segundo ela, foram tiradas mecanicamente porque "é era só estudar que tirava nota", e na vida amorosa ela "não sentia nada". Em muitas sessões Patrícia dizia que pensava em suicídio. Patrícia descrevia uma vida falsa e sem cores.

Quando atendemos nossos pacientes nos colocamos à disposição de suas neuroses de transferência. Nela os pacientes nos entregam suas cartas-mensagens de suas vidas para que possamos ajudá-los a interpretá-las e analisá-las. Fazemos isso para que as mensagens encontrem seus destinatários que não somos nós, mas os próprios pacientes. Na histeria o que se apresenta são cartas de amor e sedução com a fantasia universal do complexo de Édipo como pano de fundo. Nos pacientes psicóticos temos a carta aberta em que o conflito é escancarado a todos diante da angústia de fragmentação. Com os pacientes limítrofes sentimos trabalhamos entre a destruição e a delicadeza na apreensão de uma carta em frangalhos que dificulta o sentimento de sentido na vida diante da angústia de perda de objeto. E no caso de Patrícia, de qual angústia se tratava? Seria um caso limítrofe?

No suicídio como *synthoma*, no caso dessa paciente, parece-me a marca de uma carta bomba cujo conteúdo pede força para a explosão, com endereço certo que atinge e destrói a tudo e todos. Utilizo a metáfora da carta-bomba para falar do suicídio porque esse tipo de atentado sempre tem um remetente e um destinatário e é justamente disso que se trata (CREMASCO; BRUNHARI, 2009). Nesse caso clínico eu era o condutor da carta-bomba entre a filha e a mãe. Mas qual era o seu conteúdo?

O tic-tac do analista

O tratamento que envolve o sofrimento das ideações e atos suicidas coloca o analista diante de uma enorme incógnita sobre: qual o conteúdo que precisa ser trabalhado? A morte aguenta esperar? Qual deve ser o manejo com esses pacientes? E principalmente, o que é o foco desse trabalho? As ideações e os atos suicidas não possuem uma única raiz. Podemos observar pensamentos suicidas de ordem neurótica, psicótica, borderline e de traumas; e cada uma delas exige uma escuta e um manejo clínico diferentes. Por isso, o diagnóstico é fundamental. Porque o diagnóstico nos auxilia na condução do tratamento e na nossa escuta. O tratamento dos casos de neurose, psicose, borderlines/limítrofes e traumas exige técnicas e manejos completamente diferentes, cada qual exige um certo repertório teórico e sensível distinto por parte do analista. Winnicott (1961/2011) em seu texto "Tipos de psicoterapia" nos apresenta a síntese mais profunda sobre a importância das diferentes conduções de tratamento nos diferentes tipos de paciente.

O estranhamento que o sintoma suicida traz ao analista é diferente porque exige justamente que o analista consiga entender qual é sua roupagem na transferência: a serviço do que esse sofrimento suicida fala e atua? Porque a transferência é um dos elementos para escutar profundamente os sofrimentos psíquicos *in loco*. Mas de uma forma geral, um ponto em comum nesse acontecimento psíquico é o chamado sofrimento narcísico, por tratar-se obviamente de sofrimentos oriundos dos conflitos dessa ordem do retorno das pulsões ao próprio eu. Por isso esses pacientes encontram-se no mesmo terreno dos pacientes que sofrem do luto, da melancolia, da anorexia, bulimia etc. O desejo de se matar em ato ou em fantasia é uma consequência direta de uma agressividade e sede de morte que volta-se contra o próprio eu do paciente (FREUD, 1917/1996). Ou seja, o dispositivo que torna as fantasias e ideações suicida possíveis e atuantes é a dinâmica do narcisismo.

No texto "Luto e melancolia", Freud (1917/1996) apresenta uma fórmula bem esquematizada para entendermos o suicídio. Pelo ponto de vista dinâmico entendemos a etiologia e o funcionamento do suicídio sob três pilares. Primeiramente como um resultado de identificação melancólica diante da perda de um objeto. Isso gera o mecanismo em que o eu se oferece com objeto para a pulsão desligada. O segundo ponto refere-se à ambivalência, e se refere ao conflito psíquico gerado pela perda daquele objeto amado, em que uma cisão do eu levará uma de suas partes a colocar-se sadicamente contra a outra parte de quem cobra pelo sofrimento gerado. Esse conflito psíquico pautado no amor e no ódio pelo objeto perdido gera a autocrítica do melancólico e o gatilho para a agressividade do suicida inundar o seu eu. Já do ponto de vista econômico Freud (1917/1996) nos ajuda a compreender o que era incompreensível até então: como alguém é capaz de tirar (ou pensar em tirar) a própria vida? Segundo Freud (1917/1996) – sustentado pela lógica de funcionamento do princípio do prazer –, o que acontece não é o eu matar-se a si mesmo como queria a etiologia da palavra (matar-se a si mesmo). O que acontece é o eu querer matar um outro que existe dentro de si.

Essa era a dinâmica da primeira camada de sofrimentos de Patrícia. Ela trazia nas fantasias e ideações suicidas um deslocamento do conflito cuja raiz eram os conflitos com a família e a mãe. A agressividade internalizada presente nos desejos de morte de si mesma era na verdade um retorno no recalcado do ódio pela própria família que não ouvia e não se sensibilizava com o seu sofrimento. A paciente dizia: "Minha família não vê que eu estou sofrendo. Elas não se interessam. Eles só querem o meu dinheiro!"

*

Existe também uma interessante compreensão lacaniana sobre o ato suicida. Nela o suicida seria um sujeito que pula para fora de cena devido a uma falha da cadeia dos seus significantes fundamentais (CARVALHO, 2014). O sujeito pula/foge da cena como um ator que abandona uma peça de teatro, ou um pneu que escapa enquanto o carro está andando, ou como a porca de um parafuso que espana e se coloca no movimento centri(fugo), de fugir do centro. O centro que se foge, nesse caso, seria o famoso "objeto a" que orienta nossa constituição como sujeitos, os sujeitos da falta, do buraco (LACAN, 1956-1957/1995a). Vale lembrar que Lacan (1957-1956/1995a), como representante da escola francesa de psicanálise, toma o caminho oposto da escola inglesa, apontando que nossa marca como sujeitos do inconsciente não é presidida pelo encontro com os objetos. Mas pelo vazio da falta de objetos inscrita no esboço do que foi um dia, uma satisfação (real ou fantasiosa). Freud (1915/1996b) nos lembra que toda pulsão tem fonte, tem pressão, finalidade, objetivo e principalmente objetos para satisfação. Sendo esse último o mais variável e por isso em constante mutação e falta. Por isso, para Lacan (1956-1957/1995a) nos constituímos mais pela falta que nos movimenta do que os encontros que o enganam. Nós, por exemplo, escrevemos este texto para preencher as folhas em branco e buscar dar conta do vazio e da falta aberta pelas questões trazidas pela paciente Patrícia e as angústias sobre o tema do suicídio na clínica psicanalítica. Se já tivéssemos encontrado uma resposta para esse buraco, este texto não existiria.

Assim, não somos a busca do que nos falta; nós somos o que nos falta! Existiria, então, uma falta primitiva, do "objeto a", que nos insere na cadeia de significantes fundamentais que sustentam nossas buscas, problematizações e desejos enquanto sujeitos faltosos. Esses funcionariam como os sulcos da porca de um parafuso que possibilitam o deslize desse, sem essa falta, sem essa marca, a porca espana e escapa. Essa é uma metáfora simplista, mas nos auxilia a entender que no caso dos pacientes com ideações suicidas existiria uma fragilidade nesse engendramento entre o objeto e a cadeia de significantes. Isso acarretaria um determinado sofrimento/angústia que não encontrou capacidade de escoamento para curvas de níveis e causa e erosão que leva o suicida ao movimento centri(fugo) da vida. Como complemento, podemos pensar que nos casos dos pacientes com atos suicidas também pode estar presente uma falta da falta (LACAN 1962-1963/2005). Para Carvalho (2004), o tratamento desses pacientes envolve construções em análise, principalmente de significantes que os façam deslizar de seus sintomas e não escapar diante deles.

Em algumas das camadas do seu inconsciente, Patrícia trazia justamente esse tipo de passagem ao ato porque nos momentos de extrema angústia nos conflitos com a família ou na vida amorosa a paciente se agredia e se autodestruía. As agressões eram uma saída para dar corpo e concretude para um sofrimento com pouca matéria-prima simbólica para elaboração. Essa elaboração foi se construindo em análise, na transferência, em que o analista era convidado a se sensibilizar com o sofrimento da paciente diante de tudo que possuía ou não palavras. Patrícia trouxe insights sobre o deslocamento que fazia para o dinheiro. O dinheiro era uma forma concreta utilizada para falar sobre algo mais profundo: os conflitos familiares e a dificuldade dos integrantes da família de falarem sobre afeto, falta, dívida.

Mas se esses sintomas da paciente possuíam esse caminho, qual seria o conflito fundamental cujo tronco tornava possível essa ramificação? Era do campo da neurose, da psicose, dos sofrimentos limítrofes, de um trauma?

**

Depois de um tempo de tratamento, Patrícia começou a relatar o retorno de um certo colorido para sua vida. A vida amorosa estava caminhando. Pela primeira vez em sua vida um namoro durou tempo suficiente para enfrentar crises de agressividade e posteriormente momentos de proteção e carinho. Mas a paciente relatava que no trabalho as coisas ainda continuavam ruins. A paciente dizia que não se sentia viva no trabalho. Também trazia que os ganhos obtidos no trabalho eram mais usufruídos por sua família do que por ela mesma. Patrícia dizia que era uma boa profissional, ganhava prêmios e viagens, mas tudo era gasto pela família: os pais e a irmã gêmea.

Dizia que a família estava mais preocupada com os ganhos do que com ela. Então eu perguntei para Patrícia: "E quando foi a primeira vez que você se sentiu assim com a sua família?" Patrícia chorou compulsivamente e falou:

> *Meus pais são separados. Logo que eles se separaram eu comecei a dar trabalho na escola. Tirar nota vermelha. Eu tinha uns 11 anos de idade. Eu não queria ir para a escola. Então meu pai foi chamado na escola. Quando ele voltou, ele estava morrendo de raiva. Ele me olhou, rasgou o boletim, e me espancou dizendo que*

> *nunca mais queria uma nota vermelha. Depois desse dia eu nunca mais direi nota vermelha. Sempre fui a melhor! Mas também nunca mais me senti viva!*

Eu perguntei: "E a sua mãe?" A paciente disse que nunca contou nada para sua mãe e nem para ninguém, porque sua mãe sempre foi fria diante dos sofrimentos da família.

Sandor Ferenczi também nos apresenta uma valiosa pista para entender os pacientes com ideações suicidas. Segundo o autor existem pacientes que trazem para a clínica queixas graves ou problemáticas referentes aos graves problemas de saúde. Esses pacientes apresentam uma visão entorpecida de vida, como se a vida não valesse a pena ser vivida, como se a vida não fosse deles, resultando na vontade de ceifar a própria vida. Para o autor, todas essas queixas residem na mesma raiz: foram em realidade ou fantasia "crianças mal-acolhidas" estando à mercê de sua pulsão de morte (FERENCZI, 1929/2011). Segundo Ferenczi (1929), são os investimentos narcísicos dos outros sobre o bebê que compõem e fortalecem sua vontade de viver e sua esperança na vida. Por isso, os pacientes neuróticos com certeza foram bebês suficientemente investidos narcisicamente segundo aquela famosa expressão freudiana "a majestade, o bebê" (FREUD, 1914/1996a). Mas nos casos graves o que se observa é o contrário, são pacientes que em seus romances familiares foram "a moléstia, o bebê". Isso acontece porque os primeiros investimentos narcísicos sobre o bebê correspondem a boa parte de todo o combustível que utilizaremos em nossa jornada. Ela é como combustível de uma nave espacial que queima toda a sua potência para seguir a diante. No caso de criança mal acolhida esse combustível não esteve lá ou foi insuficiente, gerando crises graves, falta de sentido na vida e desejo de abandoná-la. Segundo o autor, é justamente isso que se atualiza na análise com pacientes graves, não a necessidade de "materná-los", mas a urgência de se trabalhar na transferência isso que falhou/faltou.

Nessa compreensão, Ferenczi rompe com o modelo Freudiano de privilegiar a pulsão de morte em detrimento da pulsão de vida (HERGOG; PACHECO, 2015). É claro que não se trata de negar a pulsão de morte porque enquanto existir um ser humano que morra e um paciente que insista em repetir um sintoma, ali está a pulsão de morte. Mas Ferenczi nos alerta de que não existe uma pulsão de morte, sem que antes a vida não se faça presente. Antes de o bebê morrer, é necessário que alguém se encarregue de lhe prestar cuidados para que ele ouse viver. A morte só existe depois da vida.

O título "A criança mal-acolhida e sua pulsão de morte" de Ferenczi (1929/2011) é uma tradução do alemão *"Das unkommene kind"*, a criança não bem-vinda. Um texto com título autoexplicativo para os casos em que a criança vem ao mundo, é recebida, zelada, mas não necessariamente bem-vinda. Não se sentir bem-vindo é ter a carta-convite para uma festa, vestir as devidas roupas, comprar os devidos presentes, mas não se sentir pertencente àquele lugar, como se tudo fosse uma farsa, sem sentido. Esses pacientes são tomados pela pulsão de morte, assim como somos tomados pela vontade de abandonar essa festa em que não sentimos a hospitalidade. Porque mais do que uma carta-convite, mais do que a roupa, mais do que os presentes, o que verdadeiramente importa é nos sentirmos "a majestade, o bebê" e não "a moléstia, o bebê" ou o "não bem-vindo".

Os pacientes com ideações ou atos suicidas muitas vezes trazem esse tipo de transferência para nossas clínicas, e de fato as contribuições ferenczianas nos prestam grandes serviços. Winnicott vai complementar essa visão apontando que os pacientes graves como os suicidas trazem a marca de falhas na relação mãe-bebê e que o analista precisa se colocar como objeto transicional do paciente para que ele possa sair da condição de "relação de objeto" para o "uso de objeto" (WINNICOTT, 1985). Uma passagem que não acontece sem que esses pacientes fortaleçam sua capacidade de fazer da agressividade não um meio para a morte, mas um caminho para a vida. Porque a faca que atinge o presidente e quase lhe tira a vida é a mesma faca que corta seu peito e conserta-lhe o intestino. Portanto não se trata da agressividade da faca, mas da possibilidade de encontrar novos destinos para ela (WINNICOTT, 1971a). Nesse sentido Winnicott e Ferenczi nos ajudam a compreender a complexidade subjetiva que envolve a constituição narcísica do bebê e da criança na relação com os pais.

Quando Patrícia traz a cena de seu pai a espancando e da perpétua frieza da mãe, duas novas camadas no inconsciente de Patrícia de desvelam. E isso se dá na dimensão do trauma. Ferenczi (s/d) nos ensina que em caso de traumas é necessário distinguir os conteúdos primários e secundários que jazem no desmoronamento do trauma. Os primeiros são o núcleo do sofrimento psíquico e os secundários são as defesas montadas pelo eu diante do trauma. É justamente isso que Patrícia trazia, os conteúdos secundários da ordem do momento do trauma no espancamento com o pai e conteúdos secundários e algo mais arcaico na relação fria com a mãe.

A cena da paciente Patrícia sendo espancada pelo pai por causa das suas notas baixas na escola desvela uma cena traumática. Kupperman (2019) utiliza o texto de Sandor Ferenczi, *Confusão de línguas entre adultos e crianças*, para nos explicar que esse tipo trauma é denominado de trauma da "punição passional". Esse trauma acontece quando um adulto que deveria proteger a criança age de forma avassaladora e brutal contra ela. Segundo Ferenczi (1933/2010), dentre as consequências do trauma está a cisão narcísica, que marca a cisão e a falta de sentido na vida marcada pelos relatos de Patrícia. Em outro texto chamado *Reflexões sobre o trauma*, Ferenczi (s/d) fala justamente sobre os conteúdos autodestrutivos que o trauma pode gerar. Nesses conteúdos secundários de Patrícia ela pôde denunciar a violência sofrida nessa cena com o pai.

A compreensão ferencziana sobre a criança mal acolhida e sua pulsão de morte, juntamente à sua noção de trauma, também permitiu que fosse trabalhada com a paciente sua relação mais primitiva com a mãe em seus conteúdos primários. Aquela mãe gélida e insensível para com os sofrimentos da filha. O trabalho com essa camada de sofrimentos de Patrícia tornou possível na transferência um descongelamento da frieza e falta de sentido na vida que a paciente sentia. Durante o tratamento a paciente nomeou o que Winnicott (1963/1989a) chama de falso self. Ela dizia viver uma vida falsa lá fora porque nunca teve seus sentimentos ouvidos. As personas de aluna, empresária e namorada perfeita ou mecanizada eram uma carcaça que a protegia do mundo insensível e opaco. Então eu perguntei para a paciente: "A insensibilidade do mundo tem se repetido constantemente em sua fala e sentimentos. O que a insensibilidade te faz lembrar?" A paciente começou a chorar ainda mais profundamente. Mas dessa vez entrou em posição fetal abraçando a almofada do divã. Patrícia disse que existe um momento em sua vida que marca seu desmoronamento. A partir desse momento Patrícia diz ter vivido uma vida falsa e vazia.

A paciente conta que sua família era uma família muito pobre. Era uma família constituída por ela, a mãe, o pai e irmã gêmea. Patrícia conta que ela é a única pessoa da família que teve sucesso no trabalho e nos estudos. Ela conta que embora hoje tenha uma vida com muito dinheiro e sucesso, traz marcas profundas do tempo de pobreza. Eu pergunto para a paciente: "Quais marcas?" Ela responde:

> *Minha família sempre foi muito pobre. Eu sou a única que tive sucesso e dinheiro, mas ainda me sinto vazia. Os meus familiares me pedem dinheiro, elogiam minhas vitórias, mas para mim isso tudo é indiferente. As pessoas não sabem que para ser bom nos estudos e no trabalho é só estudar. Nisso não tem nada de mais!*

Eu pergunto: "E quando foi que sua relação a família tomou esse aspecto de insensibilidade?" A paciente continua chorando e diz em soluços:

> Quando eu tinha por volta de 9 anos minha família era ainda mais pobre. Me lembro que passávamos fome. Era raro o dia que a comida era farta. Certa vez, quando eu tinha por volta de 9 anos, minha mãe me deu um dinheiro e pediu para eu ir até o mercado comprar ovos. Eu fui ao mercado, comprei os ovos e quando voltei, tropecei na calçada e quebrei os ovos. Voltei para casa chorando e quando minha mãe me viu ela me espancou, dizendo: "você sabe porque você está apanhando!" E disse novamente: "Você está apanhando porque deixou a família sem almoço! Para de chorar porque você deixou todo mundo sem comida!"

Nesse momento da análise de Patrícia pudemos encontrar os núcleos traumáticos mais antigos de seu sofrimento, o evento traumático primário de seu desmoronamento. Lembrei-me novamente dos textos de Sandor Ferenczi e Daniel Kupperman sobre o trauma. Nos textos "Adaptação da família à criança e Confusão de línguas entre adultos e crianças", Ferenczi nos oferece verdadeiras pérolas imantadas com uma imensa sensibilidade clínica sobre a relação entre adultos e crianças e os momentos que essa relação se torna traumática ou violenta. Sobre a adaptação da família à criança Ferenczi (1928/2011a) nos conta que existe uma adaptação psicológica na relação entre adultos e crianças na qual os cuidadores são responsáveis por tornar a vida das crianças menos onerosa diante dos impasses e adversidades da vida, o autor chama essa relação de adaptação psicológica porque é movida pela ternura. Já no texto *Confusão de línguas entre adultos e crianças* Ferenczi (1933/2011) nos conta sobre os tipos de traumas oriundos da relação entre adultos e crianças dentre os quais um deles é a punição passional.

A confusão de línguas traumáticas acontece quando um adulto ou família rompe com a relação de ternura e proteção se tornando matriz de traumas. Daniel Kupperman (2019) nos explica que a punição passional acontece quando um adulto ou invés de proteger ou cuidar de uma criança é tomado pelo ódio e agressividade que transbordam sobre a criança desmoronando tanto a relação entre ele quanto a própria subjetividade da criança. Ambos os autores concordam com o fato de que uma das consequências psíquicas do trauma da confusão de línguas é o sentimento inconsciente de culpa da vítima, um sentimento que precisa ser retificado e redirecionado para o algoz.

Foi justamente o que o aconteceu com Patrícia. Depois desse evento traumático com a mãe a paciente pôde nomear uma culpa que sempre carregou consigo, a culpa pelo desastre. Então eu disse à paciente:

> *Patrícia, estamos diante de uma cena de violência doméstica. Nesse momento em que sua mãe te espancou, algo se quebrou, desmoronou. Um adulto tem o direito e o dever de educar, cuidar e ensinar uma criança. Mas a violência não é justificável. Se esses ovos eram tão importantes para a família, importantes ao ponto de serem fundamentais para a sobrevivência, eles deveriam ter sido buscados por um adulto. Isso porque uma criança é apenas uma criança. A responsabilidade de cuidar da família é do adulto e não da criança. Se alguém errou nessa cena... não foi a criança Patrícia, mas sua mãe!*

A paciente parou de chorar, arregalou os olhos e com os olhos brilhando disse: "Eu nunca tinha pensado nisso. Parece que um peso enorme saiu das minhas costas!"

***

Na sessão seguinte algo surpreendente aconteceu. Eu recebi Patrícia no mesmo dia e horário de sua sessão. E ao abrir a porta, a paciente entrou correndo e me abraçou pelo pescoço, como uma criança. Eu recebi os abraços, mas a princípio, lembrando-me do princípio freudiano da abstinência do analista, nada fiz. Patrícia deitou-se no divã e disse: "Desculpa, pensei que você estivesse abrindo os braços para eu te dar um abraço". Então eu respondi: "Então que tenha sido um abraço!". E rimos.

Nesse momento eu me lembrei dos ensinamentos de Winnicott sobre o holding e de Ferenczi sobre a elasticidade da técnica psicanalítica e a empatia (FERENCZI, 1928/2011b). Entendi que a paciente estava instalando uma transferência e que nesse momento eu era o que Winnicott (1985) chama de objeto transicional. Ela estava utilizando a criatividade para justamente fazer uso do objeto. Mas o que era retificado nessa transferência? Então eu disse **à** paciente:

> *Patrícia, precisamos entender esse abraço. Na semana anterior estávamos falando sobre o desmoronamento da sua vida e sentimentos que aconteceram a partir da cena com a sua mãe. Então, um abraço nesse momento pode representar justamente a ousadia de ganhar o carinho e a proteção que lhe foram negados naquele momento. Me abraçar seria como ganhar um abraço e a proteção daquela mãe. Nesse momento... Nessa fantasia ou revivescência... eu fui essa mãe. Recebendo e acolhendo um abraço de forma hospitaleira.*

A paciente riu novamente com gargalhadas.

Nas sessões posteriores Patrícia trouxe avanços em sua vida profissional e afetiva, estava usufruindo do que Winnicott chama de "vida que vale a pena ser vivida". Teria sido a bomba desarmada? A princípio sim. Patrícia **não trouxe mais ideações ou atos suicidas.** Mas o fantasma da bomba continuava ali... tic-tac, tic-tac.

A fantasia/neocatarse de salvação

Podemos perceber como no caso de Patrícia todas aquelas explicações freudianas ainda nos pareciam insuficientes quanto ao manejo com os pacientes que apresentam uma queixa que toca nesse assunto das ideações ou atos suicidas. O mesmo acontece com as teorias lacaniana e winnicottiana, que nos apresentam uma boa técnica e manejo para lidar com a angústia dos pacientes suicidas no caso das crianças mal acolhidas e dos traumas. Eles nos oferecem importantes ferramentas de como manejar as falhas mais primitivas desses pacientes e promover as chamadas *"Construções em análise"* (FREUD, 1937/1996). Winnicott também nos oferece imprescindíveis *insights* sobre o manejo da técnica psicanalítica com pacientes graves nesse tipo de transferência. Mas ainda falta algo. Em todos esses caminhos nos sentimos enxugando gelo, com uma batata quente na mão, com o tic-tac da bomba relógio que insiste em continuar. No caso de Patrícia, uma progressão em seu caso clínico foi fundamental para os desfechos sobre o sentido e o caminho do trabalho.

Concordamos com Carvalho (2014) no sentido de que o manejo dos casos de suicídio envolva a boa utilização da transferência e a tentativa de construção de novos significantes. Ou até mesmo com a tentativa Winnicottiana de nos ensinar que o analista deve trabalhar como um objeto transicional para o paciente que vai fazendo uso de objeto. Todos os rios dessa seara desaguam no mesmo oceano: a importância das relações objetais mais primitivas na clínica psicanalítica com pacientes de ideações suicidas. Mas a pergunta que insiste e que ainda não foi discutida e nem tocada por nenhum dos autores é a seguinte: qual seria a fantasia inconsciente que está presente nos pacientes comovidos pela temática suicida nesses casos específicos de trauma da punição passional? Sabemos que a fantasia fundamental da histeria é a fantasia de sedução, que a fantasia fundamental do obsessivo é a de humilhação (DOR, 1991). Mas qual seria a fantasia ou revivescência do suicida na cena do trauma? Existiria uma? Pensamos que essa problematização é importante, porque trabalhar com a psicanálise na clínica é fazer da transferência a matéria-prima para a atualização de um trabalho *in loco* pelo analista sobre os sintomas e angústias de nossos pacientes. Por isso nos falta uma peça. Temos as compreensões sobre a dinâmica, sobre a economia, sobre a transferência, sobre a técnica e sobre a angústia dos pacientes suicidas. Mas e quanto à sua fantasia fundamental? Existiria uma? Senão uma fantasia universal nos casos de trauma, ou uma fantasia específica para esse caso de Patrícia?

*

Primeiramente, é importante fazer uma diferença entre as fantasias que aparecem na transferência nos casos de neurose e as revivescências que aparecem na transferência nos casos de clínica do trauma. Quem nos ensina sobre essa distinção é Ferenczi (1930) em seu texto *Princípio de relaxamento e neocatarse*. Segundo o autor, no caso da clínica das neuroses estamos diante do famoso fenômeno do retorno do recalcado por meios das fantasias porque na neurose existe um conflito entre superego e id. Assim para Ferenczi (1930/2011) na neurose existe uma "paleocatarse" porque se trabalha com as reminiscências de um passado que se atualiza nas sessões por meio das fantasias. Segundo Ferenczi (1930/2011) na clínica do trauma a transferência é diferente porque envolve um trabalho com um eu que sofreu de um desmoronamento. E diante desses estados de coisas o que se atualiza não são fantasias, mas sim revivescências da cena traumática. Isso acontece devido a cisões e quebras das representações psíquicas que operam no trauma. Por isso é muito comum quando os pacientes estão relatando cenas ou episódios traumáticos sentirem dores, odores, sensações e sentimentos presentes no momento do trauma. Por isso, quando Patrícia chora em posição fetal lembrando-se da cena dos ovos, não se trata de uma fantasia instalada no setting analítico, mas uma revivescência instalada nesse setting.

De acordo com Ferenczi (1930/2011), acolher e manejar esse momento do tratamento é muito importante porque é justamente nesse momento que se abre espaço para a elaboração psíquica e a conquista dos *Laissez Faire* pelo paciente, restituindo a liberdade e a confiança do infantil fantasmático que foi dilacerado na cena do trauma.

Portanto, quando a paciente entra no consultório me abraçando, temos a apresentação de uma fantasia envolta na transferência. Mas de qual fantasia se trata?

Para Freud (1911/1996b) a fantasia é um elemento de nosso psiquismo que escapou do princípio de realidade e por isso tem uma função importantíssima de realização disfarçada de desejos reprimidos nos sintomas, atos falhos etc. Já para Lacan, além disso, a fantasia tem a importante e difícil função de costurar as cadeias de significantes de cada sujeito com seu gozo e a realidade (LACAN, 1962-1963/2005). Por isso, Freud utilizou o mito de Édipo para falar da fantasia neurótica de sedução e morte dos neuróticos em relação aos seus pais. O psicanalista vienense também utilizou o mito de narciso para descortinar sua introdução ao narcisismo, apontando, dentre outros pilares, para a função do outro em nossa constituição. No que Lacan mais tarde chamará uma fase do espelho em que necessitamos do outro como ponte para nossa constituição (LACAN, 1962-1963/2005). Nós também utilizaremos um mito para tentarmos desvelar a possível fantasia fundamental do suicida nos casos de trauma: o mito da salvação.

Quem nos oferece uma trilha para essa compreensão é o próprio psicanalista Sandor Ferenczi em seu texto póstumo intitulado "Reflexões sobre o trauma". Nesse texto Ferenczi nos diz:

> **Um fato me surpreende, mas, ao que parece, de valor geral, quando do processo de autodilaceração (Selbstzerreissung), é a brusca transformação da relação de objeto, que se tornou impossível, numa relação narcísica.** O homem abandonado pelos deuses escapa totalmente à realidade e cria para si um outro mundo, no qual, liberto da gravidade terrestre, pode alcançar tudo o que quiser. Se até aqui esteve privado de amor, inclusive martirizado, desprende agora um fragmento de si mesmo que, soba forma de pessoa dispensadora de cuidados, prestimosa, cheia de solicitude e amor, na maioria das vezes maternal, sente piedade da parte restante e atormentada da pessoa, cuida dela, decide por ela, e tudo isso com extrema sabedoria e uma inteligência penetrante. **Ela é a própria bondade e inteligência, um anjo da guarda, por assim dizer. Esse anjo vê desde fora a criança que sofre, ou que foi morta (portanto, ele se esgueirou para fora da pessoa durante o processo de "fragmentação"), percorre o mundo inteiro em busca de ajuda, imagina coisas para a criança que nada pode salvar. Mas, no momento de um novo traumatismo, muito mais forte, o santo protetor deve confessar sua própria impotência e seus embustes bem-intencionados à criança martirizada, e nada mais resta, nessa altura, senão o suicídio, ao menos que, no derradeiro momento, se produza algo de favorável na própria realidade.** Essa coisa favorável a que nos referimos em face do impulso suicida

> é o fato de que nesse novo combate traumático o paciente não está inteiramente só. Talvez não possamos oferecer tudo o que lhe caberia em sua infância, mas só o fato de que possamos vir em sua ajuda já proporciona o impulso para uma nova vida, na qual se fecha o dossiê de tudo o que se perdeu sem retorno e, além disso, efetuado o primeiro passo, é permitido contentar-se com o que a vida oferece, apesar de tudo, não rejeitar em bloco, mesmo o que ainda poderia ser utilizável (FERENCZI, [s/d], p. 134-135, grifos nossos).

Aqui podemos perceber claramente como Ferenczi (s/d) utiliza metáfora do anjo da guarda como um aparato simbólico para entender a transferência nos casos de trauma. Para o autor, o trauma, além do resultado de um susto que pega o eu sem condições de lidar com o excesso pulsional, também pode ser compreendido como resultado de uma quebra das relações de confiança e proteção com o ambiente (UCHITEL, 2001). Uma metáfora parecida também é utilizada por Winnicott (2013) ao remeter ao folclore inglês da figura de Rumpt-dumpt como um personagem constantemente sofrendo da angústia de desmoronamento ou insegurança, isso porque é um personagem que está sempre caindo. Esse personagem folclórico remeteria às angústias dos pacientes graves e acometidos por traumas tal qual a punição passional, presente nos casos como de Patrícia. Teríamos aqui uma trilha para entendermos a fantasia e a transferência que ronda esses sofrimentos traumáticos?

**

O nosso querido Jacques Lacan passou pela tristeza de ter um paciente acometido pelo suicídio. Esse paciente era conhecido como um promissor sociólogo. Em um determinado momento esse paciente de Lacan cometeu suicídio, um episódio que lançou a querida Paris ao mar de fofocas sobre a nova psicanálise criada por Lacan. Por um breve período de tempo, ela ficou com fama de induzir os jovens ao suicídio. Claramente isso é uma besteira, porque o próprio Freud já perdera pacientes em suicídios, sofrendo da mesma difamação sobre a sua clínica. O fato é que segundo as más línguas esse suicídio no início da carreira de Lacan foi o responsável pelo estrago da amizade entre o psicanalista e Levi Strauss. Sendo esse último um dos papas do estruturalismo e importante influência da psicanálise lacaniana. O motivo da briga teria sido o destino trágico do jovem suicida que era aluno de Levi Strauss. O fato é que Gerard Haddad, um paciente de Lacan, conhecia esse jovem rapaz suicida e num determinado dia em sua análise com o psicanalista francês citou o nome do amigo gerando mobilizações no analista. Lacan teve uma curiosa reação nessa sessão em que o nome do jovem morto foi evocado pelo atual paciente. Depois de abrir a porta para se despedir de seu paciente, Lacan parecia atordoado e se desculpando. Disse Lacan: *"eu tentei de tudo para salvar a vida dele!"* Aqui podemos perceber Lacan mergulhado numa contratransferência que podemos chamar de transferência movida pela fantasia de salvação. Um fenômeno que não foi exclusividade de Lacan, mas de todos os analistas que tratam pacientes com ideações e atos suicidas.

Os pacientes envolvidos na cena ou ato de suicídio cuja etiologia é o trauma parecem transferir para a figura do seu analista esse desejo inconsciente de salvar ou serem salvos, tal qual o proposto por Winnicott em Rumpt-Dumpt e Ferenczi com o anjo da guarda. É de crucial importância nomearmos e estudarmos essa possível fantasia/revivescência de salvação por mais que ela nos pareça estranha. Não devemos nos esquecer de que a fantasia de sedução de Ana O., representada por uma gravidez psicológica, também assustou e estranhou Freud e Breuer. O pavor daquela fantasia sexual foi tamanho que Breuer abandona o caso. Depois Freud descobriu que a sedução e a transferência erótica integravam um processo universal em toda histeria, e uma ferramenta da resistência contra o tratamento (FREUD, 1915/1996a). Talvez agora podemos problematizar que a fantasia/revivescência de salvação esteja presente na temática do suicídio, principalmente de traumas.

É sabido que o suicídio aparece na boca de nossos pacientes histéricos, obsessivos, psicóticos etc.; cumprindo diferentes funções de seu gozo (CREMASCO, BRUNHARI, 2009). Nós diremos que essa fantasia de salvação pode ser "emprestada" por outros sujeitos em estruturas clínicas diferentes. Por exemplo, na histeria e na neurose obsessiva. Lembrarei de dois casos. No primeiro uma paciente chegou com fortes ideações suicidas e recorrentes acidentes de bicicleta que por pouco não lhe tiravam a vida. Mas com o passar do tempo revelou-se uma histeria que se utilizava do que chamamos de fantasias de salvação para angariar ganhos inconscientes com seus acidentes e internações. Aqui a temática do suicídio era histericamente utilizada como jogo de sedução para ganhar o olhar dos outros. A cada acidente a paciente ficava imobilizada, cheia de faixas, precisando da ajuda materna para tomar banho e se alimentar; e tinha os cafunés paternos como sobremesa.

Na neurose obsessiva essa fantasia de salvação também pode ser "emprestada", em que alguns obsessivos utilizam a temática do suicídio como forma de manter o controle sobre a vida e a morte. Lembro-me de um paciente obsessivo que utilizava a temática do suicídio como forma de controlar seus objetos de amor que por medo da morte não o abandonavam. "Vou me matar" era uma palavra mágica que fazia com que todos dessem meia volta e lhe desculpassem. Principalmente a namorada que sempre o perdoava de suas brigas.

A discussão sobre essa fantasia/revivescência de salvação presente nas ideações e passagens aos atos suicidas é importante porque pode auxiliar o analista a melhor manejar as transferências na clínica do trauma. Como aponta Kupperman (2017), existe uma importante diferença entre o tratamento no paradigma das neuroses, dos pacientes graves e do trauma. No primeiro aprofunda-se a clínica da interpretação do conteúdo recalcado enquanto nos outros casos a clínica e seu manejo transladam para a importante da presença sensível do analista. Esse ponto foi profundamente estudo por Winnicott em suas discussões sobre o manejo clínico do Holding e Ferenczi no manejo da empatia do analista. Esse estudo sobre a fantasia de salvação é importante porque colabora para esclarecer o adequado manejo para cada tipo de paciente e sofrimento.

Niderkommen e Unniderkommen

Mas como sustentamos a ideia de que a fantasia/revivescência de salvação está presente por trás dessas ideações suicidas de etiologia traumática nesse caso de Patrícia?

Tomemos por início uma análise sobre o caso da Jovem Homossexual de Freud (FREUD, 1920/1996a). Nesse caso Freud (1920/1996a) nos apresenta uma paciente que tenta se suicidar, não consegue pôr fim em sua existência, mas fica muita debilitada por dias. Essa paciente se jogou de uma ponte depois de ser fortemente reprimida pelo pai. O motivo da repressão e proibição paterna tinha por objetivo separar a amizade fortemente sexualizada entre sua filha uma outra senhorita. Para Freud (1920/1996a), a tentativa de suicídio da jovem tinha com destinatário o pai que barrou seu desejo inconsciente pela amiga. Freud (1920/1996a) analisa o saltar o muro e arremessar-se na ferrovia como um "cair" que lembra o cair de amor, pelo pai e pela amiga.

Lacan (1962-63/2005) irá retomar essa passagem de Freud apontando para o lado simbólico e linguístico do precipitar-se para a ferrovia, da ponte, da sacada, do fugir de cena da paciente de Freud. Segundo Lacan (1962-63/2005), a palavra que Freud utilizou no Alemão para se referir à Jovem se atirando foi *"niderkommen"*. A palavra *Komme* quer dizer "vir". Já *Nieder* que dizer "sem" ou "nunca". Portanto *Niederkommem* quer dizer "cair"," não ser sustentado". E, mais interessantemente, essa palavra também acaba remetendo ao parto: dar à luz. Freud vai sexualizar o *niderkommen* da jovem dizendo que isso se refere ao cair de amor pelo pai (inclusive com a fantasia de ter um filho com ele) e cair de amor pela jovem senhorita. Já Lacan (1962-1963/2005) vai metaforizar linguisticamente o *niderkommen* da jovem dizendo que o suicida acaba por fazer do suicídio um símbolo. Porque a morte seria uma das coisas mais simbólicas que pode existir em nossa vida. O corpo e a vida podem ser secos e serem áridos com o deserto do real. Mas a morte não, essa é puro símbolo. Por isso quem morre vira estrela, quem morre vira anjo, quem morre vai para o inferno, quem morre vai morar no céu. Então, para Lacan (1962-1963/2005), o suicídio é uma tentativa última de sair de cena para fazer símbolo diante da exclusão fundamental, da falta do que faltou (CREMASCO; BRUNHARI, 2009). Lacan (1962-1963/2005) retoma a importante discussão que a palavra *niderkomem* quer dizer "cair", e está diretamente vinculada ao parto, porque toda criança quando nasce "cai" do ventre. O suicida retornaria a esse cair quando se sai do ventre.

Interessantemente a palavra *niderkommen,* trabalhada por Lacan e Freud, também se aproxima das discussões sobre *Das Unkommene kind* de Sandor Ferenczi. A tradução do título dessa obra de Ferenczi seria *A criança mal acolhida* ou a *Criança não bem-vinda*. Observem como todos esses autores trabalham com o radical alemão *Kommen* no centro de suas análises sobre o suicídio. Todos eles remetem às falhas do nascimento. Não existiria aqui um entrelaçamento que nos levaria à morte ou à salvação como fantasia/revivescência na clínica das ideações suicidas? *Unkommene* ou *Niederkommen* não seriam representações do bebê que é acolhido do ventre para a vida ou que cai do ventre para a morte? Qual trilha seguir para entender suas diferenças?

É justamente essa temática do "cair" que Patrícia trouxe para análise ao relembrar a cena dos "ovos quebrados" com sua mãe. No caso da paciente, interessantemente essa mesma cena "do que cai" remete tanto ao nível do traumático, como proposto por Ferenczi e Winnicott, quanto ao nível freudiano e lacaniano. Mas a nossa escuta precisa estar sempre atenta para solucionar o enigma de tratar-se de uma fantasia nos casos de neurose e de revivescência nos casos de trauma. Podemos entender que a posição fetal e o choro no divã foram da natureza da revivescência de uma neocatarse. Já o abraço dado por Patrícia ao entrar no setting analítico remete ao "cair/segurar" na fantasia do *Niderkomemm*.

Essa trilha pode estar presente no texto introdução ao narcisismo de Freud (1914/1996). Nesse texto, como já mencionado, Freud faz uma sistematização sobre o suicídio. Para Freud (1914/1996), pautando-se em sua segunda teoria pulsional: a paixão seria resultado de uma libido egoica que transborda para o objeto enquanto libido objetal. Já o suicídio seria o inverso, sendo o resultado do transbordamento da libido de volta para o eu. Por isso, Freud (1914/1996) nos oferece outra importante lógica em que o suicídio é visto como avesso de paixão. Freud (1914/1996) sempre trabalhou muito com as dicotomias. Assim como a neurose é o negativo da perversão, o voyeurismo o avesso do exibicionismo, o masoquismo o avesso do sadismo, e talvez agora o suicídio como avesso da paixão. Assim, se entendermos a paixão podemos tentar lançar luz sobre o suicídio retroativamente?

Em sua obra sobre o narcisismo, Freud (1917/1996) diz algo muito importante sobre a paixão além dela como representante do transbordamento da libido para o objeto. Ele fala sobre a projeção do ideal do eu sobre o objeto. Freud (1917/1996) nos diz que a paixão é responsável por instalar perversões e abolir repressões. Isso fica claro porque na paixão nós idealizamos o objeto amado colocando-o no lugar de nosso ideal do eu, resultado: muitas vezes somos levados a praticar pequenos atos perversos submetidos à lei do outro que agora nos representa; também acontece de termos nossas repressões pulverizadas ao cometemos loucuras no estado de paixão. Então se a paixão é capaz de desfazer repressões e instalar perversões, por que não podemos pensar que o suicídio pode ser uma tentativa inconsciente de fazer o movimento contrário: instalar repressões/cuidados e abolir perversões? Ousamos formular essa equação seguindo os princípios do funcionamento do inconsciente, em que lá não existem contradições e o que reina é o paradoxo.

Poderemos entender que verbo salvar (da salvação) se inscreve no movimento de instalar repressões e abolir perversões. A palavra salvar pode vir do grego *soteria*, significando a ideia de cura, redenção, remédio e resgate; já em sua raiz latina *salvare* significa "salvar", e também de *"salus"*, que significa ajuda ou saúde. Portanto, salvar tem sempre o movimento de fazer uma transição da doença para a cura, do socorro para a ajuda, do sacrifício para a salvação. Se no inconsciente não existe contradição, suicidar-se também corresponde à busca pela vida. Não é à toa que Freud

(1930/1996) em seu texto *O mal-estar na civilização* aponta que o pacto social fundado sobre o pacto edípico corresponde a uma passagem da sexualidade polimórfica perversa para a neurose; da satisfação das pulsões para a renúncia; da selvageria pela proteção da civilização. Freud (1930/1996) nos diz que trocamos a satisfação de nossas pulsões pela segurança da civilização. Portanto, o pacto edípico e social também corresponde a uma promessa de proteção e salvação.

Quem sabe, podemos pensar que o ato suicida seja justamente um ato sustentado numa fantasia mágica que busca onipotentemente fazer uma retificação da vida. Porque o suicídio é um ato de morte que acaba com a própria vida e a civilização. Mas não foi a própria civilização que também nasceu e foi fundada num "ato de morte"?! Em *Totem e tabu* vemos com Freud como a horda mata o pai totêmico, para depois, pelo amor diante do ódio, sofrer da culpa que irá justamente abolir perversões e instalar repressões (FREUD, 1913/1996). O sacrifício de algo também é o caminho para o desenlace de novas possibilidades. Aqui o ódio e a agressividade cedem lugar para a culpa e a vida. Mas para que isso aconteça é necessário que o amor seja maior que o ódio (KLEIN, 1937/1937). Para superar o sacrifício da morte é necessário que exista um amor que nos ofereça insígnias para seguir adiante (LACAN, 1958/2010).

Como o eu que vive se sacrificando e se colocando como objeto de satisfação diante dos objetos abandonados. Então, o suicídio poderia ser compreendido como um ato que retorna a esse primeiro ato fundador da proteção, renúncia e salvação na fundação da vida? Talvez seja isso que esteja em jogo quando sentimos vontade de salvar "transferencialmente" nossos pacientes com ideações suicidas? Talvez ainda não tenhamos uma resposta definitiva para essa questão. Mas no caso de Patrícia, toda a complexidade da queda e da salvação se fez presente na transferência de um abraço.

FERENCZI, WINNICOTT E A LÓGICA PARADOXAL DA CASA DA MÃE JOANA

A vida perdida

Estela é uma senhorita com 35 anos. Chega ao consultório queixando-se de levar uma vida perdida. Desde a primeira sessão a paciente sempre chora muito do início ao fim de suas sessões de análise.

Logo que entra na sala em sua primeira sessão me chama a atenção seu corpo cheio de piercings. Misturam-se aos metais suas tatuagens coloridas, grandes e vibrantes que fazem um contraste imediato com seu semblante triste e assustado. O peso dos metais é distribuído pelo nariz, boca e orelha. Logo antes de começar a falar sobre si mesma uma outra discrepância me salta aos olhos. Seu cabelo preto e seus olhos escuros e grandes demonstram uma candura infantil que parece ser forçosamente encoberta pelo peso e pela agressividade transportados nas *body modifications*. Muitas vezes Estela chegava às sessões com uma corrente que ligava o piercing da orelha com o do nariz. Essa paisagem corporal gera um conflito imediato com a paradeira de uma cidade de interior mal-acostumada com o contato com a cultura punk.

Na primeira sessão pergunto à Estela por que ela diz que leva uma vida perdida. A paciente responde que a mãe dela diz isso sobre ela. Diz que tem uma mãe muito austera que não concorda com o jeito que ela se veste e com o jeito que ela leva a vida. Pergunto como a paciente leva a vida. Ester começa a chorar e a dizer que enfrenta um problema com drogas e diz que já faz muitos anos que é usuária de cocaína e maconha. Estela diz: "Acho que minha mãe está certa, eu levo uma vida perdida! Uso muitas drogas o tempo todo, e por isso perdi minha vida. Não estudei e essas coisas todas. Minha mãe sempre me olha com cara de reprovação e isso é uma merda!". A paciente chora e diz que o problema tem piorado porque ela sempre gostou dos "zé droguinhas". Eu pergunto o que é um "zé droguinha" e a paciente diz que são aqueles homens que também usam drogas e só pensam nisso.

Pergunto: "Durante a sua vida você sempre se envolveu com 'zé droguinha'?" Ela diz que sim... desde a adolescência. Eu pergunto: "Como foi a sua relação com os homens desde o início de sua vida sexual?" A paciente relata que sempre saiu com homens que usam drogas porque gosta de usar maconha. Diz que prefere homens mais velhos. Mas Estela é ainda mais específica dizendo que a melhor parte do envolvimento com esses homens é quando o casal fica chapado. Estela diz que melhor do que transar é ficar chapada. Diz que nunca teve problemas com isso. Quando fica à vontade com o cara ela transa. Mas quando não... não transa.

Depois de um tempo de trabalho a paciente chora novamente e diz que ultimamente as coisas têm mudado porque os últimos dois caras com quem ela saiu ficaram com raiva quando ela disse que não queria transar. Estela conta que foi agredida violentamente. Apanhou e teve medo de morrer. A paciente passa a chorar profundamente e desaba como se esse choro estivesse preso por muitos anos. Eu digo: "É muito triste e assustador passar por um momento de violência como esse. Você gostaria de falar sobre isso?". A paciente chora por vários minutos. Quando ela se recompõe eu pergunto: "Houve outros momentos na vida que você passou por isso?" Estela fica com o rosto cheio de ódio e diz que seu pai é alcoólatra e que sempre presenciou ele agredindo sua mãe verbalmente e também fisicamente. Eu busco afinar o diapasão das cordas vocais na tonalidade entre ternura e seriedade, então lhe digo: "Poderíamos pensar que seu pai foi o primeiro 'zé droguinha' que perdia o controle e fazia você se assustar?". Contrariando minha preocupação com a delicadeza do tema, Estela ri em gargalhadas e com os dentes largos. Seu rosto pareceu mudar imediatamente de uma playlist para outra, pois o que era nublado tornou-se ensolarado. A paciente usa a mão ensopada de lágrimas para ajeitar o cabelo que fica molhado e me encara com um diabólico olhar que mistura ódio e alegria. A paciente olha para mim e diz que nunca tinha pensado nisso. Eu encerro a sessão: "Hoje ficamos por aqui!"

Na sessão seguinte a paciente chega dizendo que a última sessão foi muito importante para ela. Estela diz que ela passou a semana toda pensando no que eu havia dito. Disse que algo novo aconteceu porque ela estava acostumada a achar que a culpa das desgraças da sua vida era sempre dela. Eu digo:

> *De fato temos responsabilidades por boa parte da desgraça que acontece em nossas vidas. Inclusive viver implica em enfrentar esse pior e ressignificar as desgraças produzidas por nós mesmos.*

> Mas também existe aquela outra parte da desgraça que não nos pertence. Fazer essa diferença na "Desgraçologia" da vida é fundamental. Estela ri e diz: "Você é engraçado!"

E termino: "Toda piada tem um fundinho de verdade, isso é Freud!"

A paciente conta que agora estava se questionando se ela era perdida ou se foi a vida que a atropelou. Eu relembro Estela de que na análise temos três regras fundamentais: o sigilo ético, a suspensão do julgamento moral, e trabalho dela de dizer tudo que vem à mente durante o tratamento. Digo que em nenhum momento vou fazer julgamento de seus pensamentos e atitudes. Eu falo para ela: "O certo e o errado ficam lá fora... aqui se fala de sentimentos e sentimentos apenas se sentem. O tratamento vai fazer o trabalho de dar um sentido para o seu sofrimento a partir dos enigmas que você ousar criar e atravessar". Estela sorri e passa várias semanas falando de seus atos de delinquência nos tempos de adolescência e no início da vida adulta. Quando adolescente ela roubava dinheiro da carteira da mãe para comprar maconha. A mãe sempre desconfiava, mas nunca falava nada diretamente, apenas encaminhava a filha para a igreja implorando para que deus e os pastores tivessem pena da alma da paciente. A paciente conta que diante de seus atos delinquentes a mãe sempre gritava que ela é uma perdida. Estela conta que a mãe é extremamente religiosa, mas ela não. Diz não acreditar em deus.

Estela disse que havia algo que ela precisava contar pra mim, mas que não estava preparada. A partir desse dia eu começo a perceber que a paciente sempre usa preto e que na maioria das suas sessões a paciente aparece vestida de mangas longas. E isso se repete mesmo nos dias de sol e calor escaldante. Eu me perguntava se as mangas longas eram usadas para esconder cortes e escarificações. Mas sentia que não era o momento de entrar nesse assunto com a paciente. Embora eu perceba que, enquanto me diz que tem algo para me contar, Estela sempre ajeita as mangas longas da blusa. Então acabo tomando a decisão de esperar a paciente entrar nesse assunto. Apenas digo para Estela que ela pode me contar quando achar que é o momento. A paciente diz que nunca contou nada para ninguém e que sente como se estivesse presa em um calabouço ou escondida atrás de um muro. Eu digo para ela:

> Às vezes a função da análise não é tirar as nossas defesas. Sem defesas ficamos vulneráveis. Às vezes a função da análise é nos ajudar a trocarmos ou aprimorarmos nossas defesas. Entender os motivos de elas estarem ali. Seria como trocar um imenso muro

com arame farpado por câmeras de vigilância, por exemplo. Os muros são grandes, frios, rígidos... eles nos protegem, mas ao mesmo tempo exigem um sacrifício... a nossa paralisação. Já as câmeras de vigilância fazem a mesma função de proteger, mas são bem mais elaboradas, flexíveis e transparentes. Com defesas mais avançadas a gente ganha o direito de ir ao mercado enquanto permanece de olho no que precisa defender.

A paciente fica me olhando profundamente, pensativa, e não diz nada... durante metade da sessão suportamos um pesado silêncio... a paciente passa toda a sessão pensativa e raspando as unhas na calça. Nesse momento eu me lembro do conceito winnicottiano chamado de estados tranquilos. Para Winnicott (1990) o silêncio não precisa necessariamente denotar resistência, para o autor o silêncio também pode ser a expressão de um importante momento de elaboração psíquica em que encontramos tempo e confiabilidade do ambiente para ficamos a sós com nosso corpo e nosso pensamento sem fantasias de intrusão. Eu encerro a sessão e com um sorriso nos lábios lhe digo: "Embora nada foi dito... muita coisa foi pensada e sentida hoje... talvez você tenha usado uma defesa supersônica... para além do som... Então já temos algo melhor do que um muro!". Encerro a sessão.

Depois de alguns meses de trabalho a paciente me diz que andou pensando e que ela queria me contar o que nunca falou para ninguém. Ela começa a chorar e diz que foi abusada pelo tio quando ainda era criança. A paciente conta que seu tio (irmão de sua mãe) lhe chamava para brincar, lhe dava doces. Mas também passava a mão em seu órgão sexual. Estela conta que procurou sua mãe para contar sobre o abuso, mas sua mãe disse para ela calar a boca, para não contar isso para ninguém porque o tio nunca seria capaz de fazer isso. A paciente diz chorando que sente nojo até hoje, só de lembrar. Que só de falar sobre isso já sente a mão de seu tio tocando o seu corpo. Como já vimos, o que Estela estava atualizando na sessão Sandor Ferenczi (1930/2011) chama de neocatarse. Essa seria a revivescência da cena traumática na sessão.

Para Ferenczi (1930/2011) existe uma diferença entre a paleocatarse e a neocatarse. A paleocatarse seria o retorno do recalcado presente nas neuroses e foi descoberta por Freud desde os tempos dos *Estudos sobre a histeria*, e mais especificamente na transferência erótica entre Breuer e Ana O. Esse tipo de transferência presente nas neuroses é chamado por Ferenczi (1930/2011) de paleocatarse porque, como próprio nome sugere, configura-se como o retorno do recalcado, do passado atualizado no presente, das famosas histéricas que sofrem de reminiscências. Já no trauma, segundo

Ferenczi (1930/2011), o que se atualiza na transferência é a própria cena traumática, em que o paciente revive a cena traumática ao lembrar ou relatá-la para o analista. Por isso é uma neocatarse, porque é a revivescência do que não pôde ser dito ou vivido pelo paciente diante das defesas que operam no trauma, como a cisão psíquica, por exemplo. Por isso os pacientes possuem tanta dificuldade de falar sobre as cenas traumáticas, porque recordar é viver novamente a cena, sente-se o cheiro, o nojo, a confusão etc. Esse conceito de Ferenczi é fundamental para nos alertar sobre o fato de que os pacientes e as pessoas que passaram por traumas muitas vezes não se lembram da cena traumática. Mas essa dificuldade não acontece por causa da resistência que seria o resultado do conflito psíquico entre o isso e o superego. Porque no conflito neurótico existe um eu atuando no recalque. No trauma, o não recordar acontece devido à quebra de representações, segundo Ferenczi (1930) existe um desmoronamento do eu, diante do susto, do horror, da fragilidade do eu em lidar com a comoção psíquica provocada por uma fonte externa. No caso de Estela esse agente traumático foi o tio.

Ferenczi (1928/2011a) no texto *Adaptação da família à criança* inova na compreensão sobre a origem dos sofrimentos psíquicos e dos traumas. O autor (1928/2011) aponta que existem traumas e sofrimentos psíquicos que podem surgir diante da falha, da hipocrisia, de caminhos falsos e mentirosos instalados na relação dos adultos para com as crianças. Assim Ferenczi (1928/2011) torna-se um psicanalista inovador ao apontar para sofrimentos psíquicos que nascem na relação intersubjetiva entre adultos e crianças. Mais especificamente no texto *Confusão de línguas entre adultos e crianças* Ferenczi (1933/2011) propõe a etiologia, a metapsicologia e as consequência dos traumas oriundos na relação entre adultos e crianças. Os traumas descritos por Ferenczi (1933/2011) nessa obra são chamados de trauma da sedução, da punição passional e do terrorismo do sofrimento. O trauma ocorrido entre Estela e seu tio se enquadra no trauma da sedução.

Segundo Ferenczi (1933/2011) o trauma da sedução acontece quando um adulto quebra a confiança e a relação lúdica e terna existente entre a criança e o adulto. Ao promover essa "confusão de língua" o adulto traiçoeiramente acaba instalando uma cena perversa de sedução e tomando a criança como objeto sexual. Ao invés de pensar essa cena traumática como sustentada exclusivamente pela sexualidade polimórfica perversa da criança, Ferenczi em sua sensibilidade clínica aponta para a sedução do adulto e a quebra da confiança como fatores etiológicos do trauma. Como isso se dá? Ferenczi (1933/2011) nos ensina que em condições saudáveis na relação entre um adulto e uma criança, a criança tem a oportunidade de experenciar sua sexualidade e sua agressividade sem que essa cena se desdobre em um trauma da sedução. Isso é possível porque nessa relação de confiança e não traumática existe a prevalência da linguagem da ternura do adulto e para com a criança. Assim a criança exercita sua sexualidade e agressividade, mas não é tomada como objeto sexual pelo adulto.

Mas no trauma da sedução, segundo Ferenczi (1933/2011), o adulto perverte essa cena trazendo a predominância da linguagem da paixão que atropela, desautoriza, seduz e engana a criança. Assim o que era para ser um jogo lúdico e terno torna-se uma cena de susto e horror. Segundo Ferenczi (1933/2011), a criança diante do susto, da sedução e da inominável cena perversa montada pelo adulto leva seu eu a utilizar mecanismos de cisão para sobreviver ao desmoronamento e à fragilidade do seu eu. Para o autor um dos núcleos dessa confusão de línguas entre adultos e crianças é o fato de que o adulto que deveria proteger a criança acaba por violentá-la. Para Ferenczi (1930/2011) as consequências do trauma são: cisão psíquica, sentimento inconsciente de culpa, obediência mecanizada, progressão traumática, identificação com o agressor, dentre outros.

Kuperman (2019) estrutura ainda mais a compreensão sobre o tema da confusão de línguas entre adultos e crianças propondo três tempos para o trauma da sedução. O tempo do inominável do susto, o tempo da denúncia e o tempo do desmentido. O primeiro tempo (do indizível) configura-se como o momento em que o eu desmorona diante do trauma. O segundo tempo (do testemunho) corresponde ao momento em que a criança fragilizada busca por uma figura de autoridade para denunciar o trauma na busca de um ego auxiliar para lidar com o evento traumático, denunciando-o. E o terceiro tempo (do desmentido) é o momento em que a criança é desautorizada ou desmentida por um adulto agravando mais ainda o trauma sofrido.

Percebemos claramente como Estela sofreu do chamado trauma da sedução em que seu tio produz o engano transformando o que deveriam ser brincadeiras entre tio e sobrinha em uma cena sexual. O trauma se instala porque a criança confia no adulto, mas tem a sua confiança transformada num abuso sexual. Por isso é uma sedução, porque seduzir é enganar. O adulto é traiçoeiro com a criança. Claramente a culpa não é da criança que quis brincar com o seu tio, mas a culpa é do tio que perverteu a cena transformando-se em algoz. Então, Estela entra no segundo momento do trauma quando procura por sua mãe para denunciar o abuso sofrido. Mas dentro do terceiro momento do trauma a paciente é desmentida pela mãe que despreza e desautoriza seus sentimentos e história. O que restou para a paciente diante desse trauma foi o sentimento inconsciente de culpa condensado no estigma de "filha perdida", seus atos delinquentes da adolescência, seu envolvimento compulsivo com as drogas e relacionamentos abusivos são calcificações desse sentimento inconsciente de culpa a partir da cena de desautorização com a mãe. Para Kupermann (2019), o caminho analítico para elaborar e retificar esse sentimento de culpa é a intervenção no tempo da denúncia e do desmentido, redirecionando a culpa para o agressor e desfazendo a confusão de línguas. É nesse momento do tratamento de Estela que estávamos.

A compulsão na neurose e no trauma

Depois de contar sobre o trauma da sedução sofrido diante do tio, Estela começou aprofundar sua compulsão no uso da maconha e do álcool. Segundo a paciente essa compulsão acontece porque ela não consegue ter controle sobre o uso dessas substâncias. A pergunta que eu faço e que considero importante para nossas reflexões é: de qual tipo de compulsão se trata? Existiriam outros tipos de compulsão à repetição dentro das psicopatologias ou essa é uma característica idiossincrática da neurose obsessiva, da compulsão à repetição na transferência etc.?

Segundo Paiva (2019) há três sentidos para a noção de compulsão à repetição na obra freudiana. Primeiramente trata-se de uma compulsão para repetição vinculada à lógica da neurose e do retorno do recalcado. Esse é o momento em que Freud (1985/1996) entende a compulsão em sua vinculação direta com a compulsão à repetição na neurose obsessiva desde os tempos de seus estudos sobre a histeria com Josef Breuer. Aqui a compulsão é vista como vinculada diretamente ao sintoma neurótico. O transtorno obsessivo compulsivo estaria relacionado às ideias inconscientes que foram recalcadas e sofreram um deslocamento, tornando-se altamente investidas de afeto e energia (as chamadas catexias) produzindo as obsessões e compulsões. Na obsessão temos uma ideia fortemente investida de afeto enquanto na compulsão temos um ato. Nesses dois casos temos a operação das defesas do eu diante de uma representação recalcada, que produzirá uma solução de compromisso e um sintoma tal qual as obsessões e as compulsões trabalhadas por Freud nos textos *Atos obsessivos e práticas religiosas* (FREUD, 1907/1996b), *Delírios e sonhos na Gradiva de Jensen* (FREUD,

1907/1996a), *O caso do homem dos ratos,* denominado *Notas sobre um caso de neurose obsessiva* (1909/1996), dentre outros. Aqui os rituais e práticas religiosas e obsessivas são vistos como defesas secundárias diante do conteúdo inconsciente recalcado.

Depois segundo Rudge (2016) Freud elabora o conceito de repetição em sua vinculação direta com a técnica psicanalítica, como nos textos *Repetir, recordar e elaborar* e *Dinâmica da transferência.* Aqui a repetição é entendida em sua relação direta com a transferência e a possibilidade de elaboração do conteúdo inconsciente recalcado na e pela transferência.

Por último, segundo Rudge (2016), Freud (1922/1996) apresenta o conceito de compulsão à repetição em sua última tópica pulsional correlacionando-a com o paradigma da pulsão de morte. Aqui a compulsão à repetição é entendida não apenas como o retorno do recalcado, mas como uma última salvaguarda do eu diante da tentativa de elaborar um conflito. Mas ao contrário de remeter apenas ao conflito neurótico, Freud (1920/1996b) em sua obra *Além do princípio do prazer* usa como parâmetro uma compreensão sobre o trauma.

O trauma seria um acontecimento externo que pega o eu de surpresa, no susto, sem que esse possa utilizar de seus mecanismos de defesa e proteção diante do evento traumático. Para Freud (1920/1996b) o acontecimento traumático leva o eu a operar em uma lógica de compulsão à repetição "para além no princípio do prazer" na busca de elaborar o trauma tanto no sentido dinâmico quanto econômico. Esse funcionamento para além do princípio do prazer desvelaria o funcionamento da pulsão de morte cuja finalidade é o retorno ao inanimado, a busca do desligamento. Para exemplificar sua tese Freud (1920/1996b) utiliza o famoso caso do *"fortd-da"* em que uma criança que vivenciou a perda abrupta do pai, que foi para a guerra, brinca repetidamente de atirar um soldadinho para longe. Freud (1920/1996b) analisa que essa compulsão à repetição dessa criança seria uma tentativa de elaborar o trauma vivido, buscando participar ativamente de uma cena em que foi passiva. A criança diz para o soldadinho: "vá embora"; em contraponto com o evento passivo do distanciamento do pai em que nada pôde fazer.

De acordo com Rudge (2016) existem duas diferenças fundamentais entre os três paradigmas de compulsão à repetição em Freud. De um lado temos a compulsão à repetição vinculada ao retorno do recalcado, em que existe um eu operando bem as suas faculdades, porque existe um conflito de representações reprimidas e repressoras. Já no modelo do trauma, temos um eu que foi desmoronado e cindido em suas representações. Diante do trauma, o eu imerge em uma busca para inscrever e reinscrever um circuito pulsional estraçalhado pelo trauma. Aqui a pulsão de morte toma a frente desse acontecimento na busca de resetar e religar as representações.

Segundo Uchitel (2001) existe uma diferença fundamental entre a noção de trauma para Freud, Ferenczi e Winnicott. Freud veria o psiquismo como um aparelho psíquico mecanicamente e energicamente atuante. Para ele o trauma seria resultado de um excesso vindo de fora do aparelho psíquico e que seria o responsável por suas reverberações. Inclusive, em suas últimas sistematizações sobre o trauma Freud teria apontado para uma noção de trauma que vai além da psicopatologia, correlacionando-o com a formação da nossa personalidade. Já para Ferenczi e Winnicott o trauma não seria algo natural ao processo de desenvolvimento da personalidade. Muito pelo contrário, para esses autores, o trauma seria sempre o resultado de um momento em que o ambiente falhou na tentativa de manter o sentido de vida do sujeito e sua proteção. É nesse último paradigma que passamos a ouvir nossa paciente Estela. Pensamos que tanto as delinquências quanto os seus momentos de compulsão às drogas, ou os envolvimentos em relacionamento abusivos, são expressão de uma tentativa de inscrever algo que foi arrebentado pelo trauma primeiro na cena com o tio e depois com a mãe. Mas não foi apenas um trauma, mas um trauma produzido na relação intersubjetiva de uma criança com um adulto.

Em muitas dessas sessões sobre sua compulsão no uso de drogas muitas cenas relatadas pela paciente se repetem incansavelmente, como se ela estivesse sempre repetindo a mesma história. Então eu pergunto novamente: "O que você sente quando usa essas drogas?" A paciente novamente responde: "Eu uso porque o momento da brisa é bom. Eu sofro porque não tenho controle. Mas na hora da brisa é muito bom. Principalmente quando é com algum zé droguinha e aquela história de não transar e tal". Então eu digo:

> *Parece que esse momento da brisa se repete insistentemente. É um momento de brisa e relaxamento. Talvez isso tenha algo com o que você me contou com a violência sofrida com o seu tio. Quando ele te engana, dizendo que vai brincar e na verdade cria uma cena sexual. Isso tudo é terrível para a criança. Porque o tio deveria cuidar, brincar, proteger. Quando o seu tio não faz isso, cria-se uma enorme carga de energia e sofrimento que aquela criança não dava conta de entender por que aquilo estava acontecendo. Talvez esse fato de sempre perder o controle do uso de drogas, mas ao mesmo tempo gostar da brisa, pode ter relação com isso. É como se você buscasse na brisa a paz e a tranquilidade que foram*

perdidas por causa desse tio. Precisamos entender simbolicamente essa metáfora. Ficar com os zé droguinhas fumando sem transar pode ser uma tentativa de reinstalar a tranquilidade, a paz e o respeito que esse tio não teve. Mas é bom deixar claro que em uma cena de abuso a culpa não é da criança, é do adulto que não cumpriu o seu papel de cuidar.

A paciente arregala os olhos, chora muito e diz: "Nunca pensei nisso". Eu acolho seu choro e termino a sessão.

A lógica paradoxal da casa da mãe Joana

Nas sessões seguintes Estela começa a faltar. Falta por três sessões consecutivas. Eu sempre mantenho o seu horário e sempre fico à sua espera.

Um mês depois de suas faltas Estela começa a aparecer na clínica sem avisar. No primeiro episódio, ela comparece na clínica em um horário qualquer sem avisar que viria. Permanece um tempo na sala de espera, pergunta por mim, e depois vai embora. Segundo a secretária, a paciente disse que estava passando por ali e resolveu entrar. Estela desistiu e foi embora rápido. Em um segundo episódio de seus aparecimentos repentinos ela aparece novamente na sala de espera, novamente fora de seu horário acordado. Nesse momento, eu vejo a paciente na sala de espera e peço para que ela aguarde o atendimento do paciente que viria a seguir, pois depois eu conversaria com ela. Mas quando termino a sessão do paciente em questão, vou chamá-la... mas ela já tinha partido. Nesse momento um evento muito curioso acontece, a secretária que cuidava dos agendamentos me diz: "Essa aí deve estar pensando que aqui é a casa da mãe Joana, né, doutor?!" Eu acho graça do chiste e fecho a porta. Depois aviso a secretária que se caso essa paciente aparecer novamente eu iria atendê-la de imediato.

Dito e feito. Em seu horário agendado a paciente não aparece. Mas em um horário qualquer a paciente apareceu novamente sem avisar perguntando por mim. E eu dessa vez atendi Estela de imediato. Mesmo que morrendo de culpa por deixar o paciente agendado esperando na fila da sala de espera (Freud que me perdoe!). Lembrei-me de um texto ferencziano chamado *A elasticidade da técnica psicanalítica*, em que Ferenczi (1928/2011b) propõe que nos casos de paciente da clínica do trauma ou com os chamados pacientes graves nós devemos sair do modelo interpretativo, do setting bem enquadrado, para um modelo mais elástico privilegiando o que ele chama de empatia ou "sentir com" para manejar melhor as angústias de fragmentação, perda do objeto, trauma etc.

Então convido a paciente para entrar e lhe pergunto como está. Ela diz que está bem, que não teve tempo e oportunidade para vir em seus horários pré-determinados, mas que em alguns momentos ao passar na frente na clínica teve vontade de entrar. Eu digo a ela:

> *Interessante você não vir nos seus horários. Seu lugar fica vazio. Eu não coloquei ninguém no seu lugar. Na verdade acredito que o silêncio e o vazio podem dizer muita coisa. E sabe por que eu te atendi você, mesmo fora do seu horário? Porque tem algo muito importante se repetindo aqui na nossa relação terapêutica. Se eu não te recebo... o que se repete seria uma cena como a sua mãe que negou o seu lugar e a sua voz diante do seu imenso sofrimento. Eu estaria repetindo a equação 'o que a Estela diz não importa'. Mas quando você vem e eu te recebo, você está construindo algo novo, a sensação de que o que você diz importa e é valorizado. Assim você e seu sofrimento não são invisibilizados.*

Estela chora e vai embora com um sorriso no rosto. Depois dessa sessão ela passa a vir em seus horários ordinários. Entendo que nessa sessão o que se atualiza na transferência é a elaboração do segundo e do terceiro tempos do trauma, como discutido por Kupermann (2019), o testemunho e o desmentido.

Nas sessões seguintes Estela disse que tem trocado as drogas pelo mar e pelo céu estrelado. Disse que não parou de usar drogas. Mas que tem diminuído e que nos momentos em que se sente confusa e incompreendida pelo mundo vai para casa de praia da família para olhar o mar. Ou fica na cidade mesmo. É quando chama algum amigo e fica olhando o céu estrelado e buscando entender o que está acontecendo na vida.

Anteriormente, a secretária disse em tom chistoso que a paciente pensava que a clínica era a casa da mãe Joana. Vocês sabem quem foi a mãe Joana? Segundo alguns folcloristas, Joana foi uma rainha portuguesa interessada na boemia, por isso ela tinha uma simpatia e um contato direto com as zonas de baixo meretrício em Lisboa. Era uma rainha que gostava de jogar, beber e se divertir. Mas ao frequentar as zonas do baixo meretrício vossa majestade Joana começou a perceber que muitos trabalhadores da noite sofriam de maus tratos e violências em seus trabalhos. Então Joana legislou uma lei em seu império para defender — principalmente — as mulheres da violência. Desde então esses locais passaram a sofrer de ataques e sarcasmos dos frequentadores que não suportavam as novas leis: "Isso aqui parece a casa da mãe Joana!". Portanto, na verdade a casa da mãe Joana não é um local em que se pode fazer o que quiser. Mas justamente o contrário. É um local em que se tem que respeitar a todos. Paradoxalmente ao que se imagina, a rainha Joana é, na verdade, a defensora e militante do respeito aos desprezados.

Entendemos que existe por trás do dito popular da "casa da mãe Joana" uma expressão da lógica paradoxal entre a agressividade, a destruição e a esperança. Como proposto por Melanie Klein (1927/1996), a delinquência não seria expressão de uma falta de lei ou limites da história ontológica de um sujeito, mas seria a manifestação de um superego arcaico que tiranicamente joga o sujeito para atuações, compulsões etc., diante de conflitos inconscientes. Winnicott (1984a) aprimora ainda mais a noção de delinquência apontando para a privação como raiz inconsciente para esses casos. Segundo o autor, existe na delinquência uma esperança e uma tentativa inconsciente de reinscrever a história da privação sofrida, numa tentativa de restituição (WINNICOTT,1984b). Entendemos que isso acorre com Estela. A paciente apresentou em sua adolescência e vida adulta profundos traços de delinquência que na verdade eram a repetição das violências e das privações sofridas. Como podemos imaginar, sempre existe por trás de uma violência a privação de algo. A princípio, Estela foi privada da segurança, da proteção, da possibilidade de amparo e elaboração diante das cenas de violência diante do pai alcoólatra. Depois Estela sofreu do trauma da sedução na confusão de línguas perversamente produzida por seu tio. Trauma esse aprofundado por sua mãe no chamado desmentido de seu sofrimento. Aqui também vemos claramente, de um lado, a privação da mesma proteção, e de outro o trauma que leva a cisão do eu. Mas uma vez, depois de relatar sobre o trauma sofrido pela paciente, ela apresenta traços de delinquência nas faltas e na agressão à figura do analista. Mas a esperança também estava o tempo todo ali.

Nesse ponto a sobrevivência do analista diante dessas agressões e os ataques inconscientes são fundamentais, com propõem Ferenczi (1931/2011) e Winnicott (1985). E por último temos a instalação da transferência negativa sustentada pela revivescência dos conteúdos traumáticos e principalmente do desmentido, cujo manejo clínico pautado na elasticidade da técnica psicanalítica foi fundamental. Receber a paciente fora do seu horário foi necessário para não repetir o trauma do desmentido. A casa da mãe Joana representa justamente o paradoxo de sustentar um ambiente confiável, em que a elasticidade da técnica pareça um *"laissez faire"*. Inclusive, também dialogando com a lógica paradoxal, Ferenczi (1931/2011) cita justamente o fato de que na clínica do trauma com crianças, ou de crianças com adultos, é fundamental que o paciente se reencontre justamente nesse *"laissez faire"*. Isso é importante porque o "deixar ser/fazer- deixar acontecer" resgata a criança criativa, rebelde, lúdica e indomável que foi amordaçada, enganada, atropelada ou vilipendiada pelo trauma. Assim a criança/adulto pode reencontrar e retificar as partes perdidas e destroçadas do seu self. Tal qual a lógica paradoxal da casa da mãe Joana faz retornar do rechaçado a potência da confiança e da empatia diante de traumas e violências.

CULTURA

TEXTO PARTICIPANTE DO CONCURSO JORGE ROSAS – X CONGRESSO FLAPPSIP (Confederação Latino-Americana de Associações de Psicoterapia Psicanalítica e Psicanálise) – Configurações da violência. Desafios atuais da violência. Desafios à Psicanálise Latino-Americana.

5

OS DEUSES TAMBÉM ERRAM: O TRAUMA NO DIVÃ E NA AMÉRICA LATINA

O trauma

Sandor Ferenczi desenvolveu uma teoria sobre o trauma, em que este é resultado de uma quebra/choque dentro das relações intersubjetivas no que ele chamou de *Confusão de Línguas entre adultos e crianças* (FERENCZI, 1933/2011). O ponto-chave das suas discussões reside no fato de que existem traumas que são originados de uma não hospitalidade entre os sujeitos, em que uma autoridade esmagadora ao invés de proteger ou dialogar comete o imperativo de desautorizar as experiências do sujeito (KUPERMANN; OSMO, 2012). Assim Ferenczi (1933/2011) descobre traumas originados de relações em que o poder e a violência ocupam o lugar que deveria ser da empatia e da ternura. Esse evento traumático é devastador, porque a busca de segurança e proteção pela civilização e seus integrantes foi um dos pilares que contribuíram para a possibilidade de um pacto social em que a renúncia instintiva fosse possível (FREUD, 1930/1996). Ferenczi (1933/2011) vai estudar os traumas em que o que está em jogo é justamente esse pacto que é violado e vilipendiado, porque a parte desamparada acreditou na antiga promessa de amor e por isso sucumbiu diante do terror. O autor nos apresenta os traumas do terrorismo de sofrimento, o trauma da sedução, o trauma da desautorização. Em todos eles o que se reconhece é o poder do desmentido e da desautorização como eventos deflagradores de sofrimentos psíquicos.

As consequências desses traumas são a cisão psíquica entre as partes do eu, o sentimento de culpabilidade, a falta de sentido na vida, a insegurança, a falta de confiança nos outros, a identificação com o agressor, dentre outros elementos. Winnicott utilizará uma belíssima metáfora dizendo que o eu que sofre de um trauma congela ou protege-se numa casca ou cápsula protetora para enfrentar a devastação (FULGÊNCIO, 2004).

A teoria do trauma desenvolvida por Ferenczi abre novas possibilidades clínicas na Psicanálise, principalmente no que tange ao manejo da transferência. Para o autor, o que retorna na transferência para ser repetido, recordado e elaborado é a tentativa de se encontrar outra solução para o que deveria ser aquela autoridade protetora e tornou-se uma autoridade desprotetora e invasiva. O que se atualiza é a necessidade de se retraduzir a violência que ficou pendente de justiça.

O divã

Uma paciente chegou com queixas de delinquência e uso excessivo de drogas. Depois de muito tempo de trabalho ela disse:

> *Eu estive pensando se deveria te falar isso. Acho que devo contar, mas é muito difícil. Eu fui abusada pelo meu tio materno quando era criança.. Quando eu fui contar para a minha mãe sobre o que tinha acontecido, ela me disse: "Eu conheço o seu tio, ele nunca faria isso, não conte isso para ninguém!"*

A paciente chorou muito e passou quase dois meses sem vir para as sessões. Mas o interessante é que ela sempre ligava dizendo que viria e nunca aparecia. Seu horário não foi ocupado, ficou vazio. Até que um dia ela apareceu. Ela entrou na sala. Então eu disse: "Foi um tempo longo. Mas você está de volta. O que estava em julgamento é se outras pessoas não se importariam com o que você sente. Isso já aconteceu uma vez. Bem... Estamos vendo que outros desfechos são possíveis!" Desde então essa paciente não faltou mais e adquiriu a confiança para avançar no tratamento e soltar a língua (FERENCZI, 1933/2011).

A América Latina

Os traumas da confusão de línguas estão presentes na clínica psicanalítica de uma forma muito sutil. Como é de conhecimento de todos, eles não estão restritos apenas à sedução e a abusos sexuais de adultos para com as crianças, mas também encontram formas sorrateiras em níveis culturais. Inclusive nos levam a pensar como o Brasil e a América Latina como um todo possuem em seu tecido social as marcas desses eventos traumáticos que estão num trânsito intenso entre o divã psicanalítico e a sociedade. Às vezes em nossos consultórios, quando estamos com os ouvidos atentos e sensibilizados pela clínica do trauma, podemos ver as ressonâncias do traumático social, suas marcas e repercussões.

Poderíamos falar dos três séculos de escravidão negra e o genocídio de indígenas no Brasil, ou todos os tipos de sangramento levados a cabo na colonização do novo mundo pelo velho mundo. Os psicanalistas da América Latina precisam estar atualizados e sensibilizados sobre essa imensa avalanche de terror que sempre foi presente entre nossos conterrâneos. A América Latina se formou tendo por marca profunda os traumas da desautorização. Prado (2011) teve a sensibilidade de apontar a violência e o roubo do Brasil colonial como o paradoxal núcleo das coisas mais belas e tristes da cultura brasileira. Afinal a "tristeza é senhora, desde que o samba é samba é assim [...]" (VELOSO, 1993). Galeano (2018) em sua obra *As veias abertas da América Latina* resgata a história do suposto terceiro mundo, denunciando que esse lugar foi construído com base em muita exploração e violência. Pensar no desenvolvimento da América Latina exige a elaboração desses traumas individuais e culturais.

O Brasil é um país que recentemente está sofrendo do retorno do recusado desse terror. Nos anos entre 2018 e 2022 tivemos um governo de extrema direita que evidenciou a abertura dessas feridas. Temos a tentativa de um perverso revisionismo histórico que busca apagar a ditadura, o racismo e demais marcas de violências sociais. O presidente eleito em 2018 é um defensor do maior torturador já visto no Brasil, o Ustra. Tudo isso indica para o retorno do recalcado do que há de pior na escravidão, na ética da guerra e na colonialidade: a negação da subjetividade e dos sofrimentos do outro.

A psicanálise é uma ciência que desde os seus primórdios nos ensina a refletir sobre a autoridade. Freud já nos alertava para o fato de que a civilização nasce da derrocada de uma autoridade esmagadora, que esmaga porque é totêmica. O preço para mantê-la sob controle é uma culpa inconsciente que sinaliza os perigos de ocupar o lugar totêmico (FREUD, 1913/1996). Desde então, a psicanálise se fundamenta na leitura de que a culpa é o grande pilar que sustenta a civilização. Também podemos nos lembrar de Lacan (1957-58/1995), com sua formulação teórica acerca do terceiro tempo do Édipo, momento em que ocorre a possibilidade de circulação do falo. Penso que não é apenas o falo que circula, mas também a culpa, que é de todos. Melanie Klein formula a noção de posição depressiva, em que a culpa também é vista como fundamental (KLEIN, 1950/1996). E por último Winnicott, que além da dívida da culpa, fala sobre a preocupação, a responsabilidade e também prevê sua quitação dessas pelo *concernimento* (COSTA, 2007). Todas essas teorias nos apontam que a psicanálise tem em sua metapsicologia e em seu ofício a compreensão de que as autoridades esmagadoras existem, mas não são nelas que se fundamentam a criação e sustentação da vida. Seria muito bom se essa compreensão pudesse transcender os muros da clínica psicanalítica e fincar raízes nos mais diversos campos do saber.

No Brasil temos um panteão de deuses em uma mitologia que por muito tempo sofreu do trauma da desautorização, os mitos afro-brasileiros. Esses mitos precisaram se encapsular esperando a passagem dos desmentidos da escravidão, do racismo, do higienismo. Segundo Quijano (2005) essas violências continuam na chamada colonialidade, em que a desautorização da América Latina vai além da economia, possuindo garras que se alastram pelas matrizes coloniais de poder sobre a ciência, a sexualidade, o saber e o ser. E é justamente nesse saber desautorizado que talvez possamos encontrar viva a força de uma crítica às autoridades esmagadoras.

Para Freud (1927/1996) os mitos são a projeção de nossos sonhos, desejos e processos psíquicos nas estrelas. Nesse sentido, eles contêm elementos fundamentais para a compreensão da subjetividade. No Brasil, possuímos uma divindade chamada Ogum que pode revelar elementos riquíssimos para pensarmos o sujeito e sua relação com a cultura. Ogum é o deus do fogo, da guerra e da forja dos metais. Por isso ele é uma divindade facilmente associada às conquistas e à proteção. Enquanto o deus Ares, o deus grego da guerra, é filho de Jupiter e Juno (BULFINCHER, 2010), Ogum é filho de Oxalá e Iemanjá (PRANDI, 2015). O imaginário sobre essa divindade encontra-se em quase todo o território brasileiro, inclusive na cidade do Rio de Janeiro, onde temos um feriado municipal em sua homenagem. Já que no sincretismo religioso Ogum encontra-se associado ao santo São Jorge.

O nosso mito brasileiro possui uma singularidade exemplar. Embora Ogum seja o deus da guerra ele também é valorizado por várias manifestações de humildade, como limpar as próprias armas. Em uma das histórias sobre Ogum, ele havia saído para uma guerra com o intuito de proteger o seu povo. Lá ele passou dias e noites lutando corajosamente contra os inimigos. Ficando inclusive muitos dias sem beber e comer. Quando retornou de sua empreitada Ogum encontrou a cidade vazia e sem ninguém para recebê-lo, sem as comidas e sem as bebidas que serviriam como expressão da gratidão de seu povo pelo seu esforço. Ogum ficou tão irado que começou a destruir todo o vilarejo num rompante de cólera. De repente, o povoado começou a sair de suas casas, confuso e apavorado. Foi quando Ogum disse: "Depois de tanto esforço dedicado a protegê-los o que eu ganho em troca é a ingratidão! Pois vocês vão pagar caro por isso!" Foi quando uma das citadinas disse:

"Mas nós nos recolhemos justamente por benevolência a você! Você não se lembra que hoje é terça-feira? E nós dedicamos toda terça a você!" Foi quando Ogum se lembrou que esse dia era o dia dedicado à sua divindade e por isso todos ficaram de resguardo. Ogum sentiu-se tão envergonhado que fez um buraco e se enterrou.

O interessante dessa história é um deus da guerra sentir-se envergonhado, culpado e concernido diante da injustiça provocada por ele mesmo. Esse é o exemplo de um deus que paradoxalmente representa o falo que circula e a proximidade com a culpa e o *concernimento*, e por isso é capaz de ser uma autoridade que não esmaga os sujeitos que estão sob sua proteção. É um mito que denuncia o fato de que os deuses também erram, e por isso humaniza a todos na falta e na coragem. Ele nos é valioso porque aponta para o registro de uma autoridade capaz de se colocar no trabalho de fazer retificações narcísicas, da culpa e da autoridade. Esse é um mito enraizado na cultura da América Latina que precisou se encapsular devido a tantas desautorizações. E talvez seja nessa parte escondida de nossa cultura que possamos encontrar esperança para *"soltar a língua"* e denunciar as autoridades esmagadoras que ameaçam assombrar e ressurgir novamente na América Latina.

CONCURSO JORGE ROSAS – X CONGRESSO FLAPPSIP (Confederação Latino-Americana de Associações de Psicoterapia Psicanalítica e Psicanálise) – Configurações da violência. Desafios atuais da violência. Desafios à Psicanálise Latino-Americana.

6

LOS DIOSES TAMBIÉN SE EQUIVOCAN: EL TRAUMA EN EL DIVÁN Y EN AMÉRICA LATINA

El trauma

Sandor Ferenczi desarrolló una teoría sobre el trauma, en la que este es el resultado de un quiebre/choque dentro de las relaciones intersubjetivas de lo que él llamó *confusión de lenguas entre los adultos y el niño* (Ferenczi, 1933/2011). El punto clave de sus discusiones reside en el hecho de que existen traumas que tienen origen en una no hospitalidad entre los sujetos, donde una autoridad opresora, en vez de proteger o dialogar, desautoriza las experiencias del sujeto (Kupermann e Osmo, 2012). Así, Ferenczi (1933/2011) descubre traumas originados en relaciones en que el poder y la violencia ocupan el lugar de la empatía y la ternura. Este evento traumático es devastador, porque la búsqueda de seguridad y protección por la civilización y sus integrantes fue uno de los pilares que contribuyó con la posibilidad de un pacto en el que la renuncia instintiva fuera posible (Freud, 1930/1996). Ferenczi (1933/2011) estudia los traumas donde lo que está en juego es, justamente, ese pacto que se viola y se desprecia, porque la parte desamparada creyó en la antigua promesa de amor y, por eso, cedió ante el terror. El autor presenta el trauma del terrorismo del sufrimiento, el trauma de la seducción y el trauma de la desautorización. En todos estos traumas, lo que se reconoce es el poder del desmentido y de la desautorización como eventos que provocan sufrimientos psíquicos.

Las consecuencias de estos traumas son la escisión psíquica entre las partes del yo, el sentimiento de culpa, la falta de sentido de la vida, la inseguridad, la falta de confianza en los otros, la identificación con el agresor, entre otros elementos. Winnicott utiliza una bellísima metáfora que dice que el yo que sufre un trauma se congela o se protege en una cáscara o cápsula protectora para enfrentar la devastación (FULGÊNCIO, 2004).

La teoría del trauma elaborada por Ferenczi abre nuevas posibilidades clínicas en el psicoanálisis, principalmente en lo que respecta al manejo de la transferencia. Para el autor, lo que regresa en la transferencia para repetirse, recordarse y elaborarse es la tentativa de encontrar otra solución para lo que debería ser esa autoridad protectora que se convirtió en una autoridad desprotectora e invasiva. Lo que se actualiza es la necesidad de retraducir la violencia que quedó pendiente.

El diván

Una paciente vino con reclamos de delincuencia y uso excesivo de drogas. Después de mucho tiempo de trabajo, dijo: *"Estuve pensando que tengo que decirte esto. Creo que tengo que contarlo, pero es muy difícil. Fui abusada por mi tío materno cuando era niña. Cuando le conté a mi mamá lo que había pasado, ella me dijo: Conozco a tu tío, él nunca haría algo así, ¡no se lo cuentes a nadie!".* La paciente lloró mucho y estuvo casi dos meses sin venir a las sesiones. Pero lo interesante es que ella siempre llamaba para decir que venía y nada. Su horario no fue ocupado, quedó libre. Hasta que un día apareció. Entró al consultorio y yo le dije: "Pasó mucho tiempo, pero estás de vuelta. Lo que estaba en juicio era si a otras personas no les iba a importar lo que tú sientes. Eso ya pasó una vez. Bueno... ¡podemos ver que otros desenlaces son posibles!". Desde entonces, esta paciente no faltó más y ganó confianza para avanzar en el tratamiento y soltar la lengua (FERENCZI, 1933/1996).

América Latina

Los traumas de la confusión de lenguas están presentes en la clínica psicoanalítica de una forma muy sutil. Como todos saben, no se limitan solo a la seducción y abusos sexuales de adultos a niños, sino que también encuentran formas solapadas en niveles culturales. Inclusive nos llevan a pensar de qué forma Brasil y América Latina como un todo tienen en su tejido social las marcas de esos eventos traumáticos que están en un tránsito intenso entre el diván psicoanalítico y la sociedad. A veces en nuestros consultorios, cuando estamos con los oídos atentos y sensibilizados por la clínica del trauma, podemos ver cómo resuena lo traumático en lo social, sus marcas y repercusiones.

Podríamos hablar de los tres siglos de esclavitud negra y del genocidio de indígenas en Brasil, o de todos los tipos de derramamiento de sangre llevados a cabo en la colonización del nuevo mundo por el viejo mundo. Los psicoanalistas de América Latina necesitan estar actualizados y sensibilizados sobre esta inmensa avalancha de terror que siempre invadió a nuestros coterráneos. América Latina se formó con la marca profunda de los traumas de desautorización. Prado (2011) tuvo la sensibilidad de señalar la violencia y el robo del Brasil colonial como núcleo de las cosas más bellas y tristes de la cultura brasileña. A fin de cuentas, la "tristeza es señora, desde que el samba es samba es así [...]" (VELOSO, 1993). Pensar en el desarrollo de América Latina exige la elaboración de estos traumas individuales y culturales.

Brasil es un país que recientemente está sufriendo el regreso del rechazado de ese terror. Acabamos de entrar en un gobierno de extrema derecha, que pone en evidencia la apertura de estas heridas. Tenemos la tentativa de un perverso revisionismo histórico que busca borrar la dictadura, el racismo y demás marcas de violencias sociales. El nuevo presidente electo en 2018 es un defensor del mayor torturador que jamás se vio en Brasil. Todo esto indica el regreso de la represión de lo peor de la esclavitud, de la ética de la guerra y de la colonialidad: la negación de la subjetividad y del sufrimiento del otro.

El psicoanálisis es una ciencia que, desde su origen, nos enseña a reflexionar sobre la autoridad. Freud ya nos advertía el hecho de que la civilización nace del derrocamiento de una autoridad opresora, que oprime porque es totémica. El precio para mantenerla bajo control, es una culpa inconsciente que indica los peligros de ocupar el lugar totémico (FREUD, 1913/1996). Desde entonces, el psicoanálisis se fundamente en la lectura de que la culpa es el gran pilar en que se sostiene la civilización. También podemos recordar a Lacan (1957-58/1995), con su enunciación teórica sobre el tercer tiempo del Edipo, momento en que ocurre la posibilidad de circulación del falo. Pienso que no es solo el falo el que circula, sino también la culpa, que es de todos. Melanie Klein formula la noción de posición depresiva, donde la culpa también es vista como fundamental (KLEIN, 1950/1996). Y por último, Winnicott que, además de la deuda de la culpa, prevé su liberación por el *concernimiento* (COSTA, 2012). Todas estas teorías nos indican que el psicoanálisis tiene, en su metapsicología y en su oficio, el entendimiento de que las autoridades opresoras existen, pero no es en ellas donde se fundamenta la creación y el sostén de la vida. Sería muy bueno que ese entendimiento pudiera trascender los muros de la clínica psicoanalítica y arraigarse en los más diversos campos del saber.

En Brasil tenemos un panteón de dioses en una mitología que por mucho tiempo sufrió el trauma de la desautorización, los mitos afrobrasileños. Estos mitos tuvieron que encapsularse esperando que pasen los desmentidos de la esclavitud, del racismo, del higienismo. Según Quijano (2005), estas violencias continúan en la llamada colonialidad, en la que la desautorización de América Latina va más allá de la economía, con garras que se propagan a través de las matrices coloniales de poder sobre la ciencia, la sexualidad, el saber y el ser. Y es justamente en ese saber desautorizado donde tal vez podamos encontrar viva la fuerza de una crítica a las autoridades opresoras.

Para Freud (1927/1996), los mitos son la proyección de nuestros sueños, deseos y procesos psíquicos en las estrellas. En este sentido, contienen elementos fundamentales para la comprensión de la subjetividad. En Brasil, tenemos una divinidad llamada Ogum que puede revelar elementos riquísimos para pensar el sujeto y su relación con la cultura. Ogum es el dios del fuego, de la guerra y de la fundición de los metales. Por eso, él es una divinidad fácilmente asociada a las conquistas y a la protección. Mientras el dios Ares, el dios griego de la guerra, es hijo de Júpiter y Juno (BULFINCHER, 2010), Ogum es hijo de Oxalá e Iemanjá (PRANDI, 2015). El imaginario sobre esta divinidad se encuentra en casi todo el territorio brasileño, inclusive en la ciudad de Río de Janeiro, donde tenemos un feriado municipal en su homenaje. Pues en el sincretismo religioso, Ogum es asociado al santo San Jorge.

Nuestro mito brasileño tiene una singularidad ejemplar. Aunque Ogum es el dios de la guerra, también se lo valora por varias manifestaciones de humildad, como limpiar sus propias armas. En una de sus historias, Ogum fue a una guerra con la intención de proteger a su pueblo. Allí pasó días y noches luchando valientemente contra los enemigos, inclusive pasó muchos días sin beber ni comer. Cuando regresó de su lucha, encontró la ciudad vacía, no había nadie para recibirlo con las comidas y bebidas que siempre servían como expresión de gratitud de su pueblo por su esfuerzo. Ogum se puso tan furioso que empezó a destruir toda la aldea en un ataque de ira. De repente, el pueblo empezó a salir de sus casas, confundidos y asustados. Fue cuando Ogum dijo: ¡Después de tanto esfuerzo dedicado a protegerlos, lo que recibo a cambio es la ingratitud! ¡Ahora van a pagar caro por esto! En ese momento una ciudadana dijo: ¡Pero nosotros nos quedamos en nuestras casas en su homenaje! ¿No recuerda que hoy es martes? ¡Nosotros le dedicamos todos los martes! Ogum recordó que ese día era el día dedicado a su divinidad y por eso todos se quedaron adentro. Ogum sintió tanta vergüenza que hizo un pozo y se enterró.

Lo interesante de esta historia es que un dios de la guerra sienta vergüenza y culpa. Este es el ejemplo de un dios que, paradójicamente, representa el falo que circula y la cercanía con la culpa, por eso es capaz de ser una autoridad que no oprime a los sujetos que están bajo su protección. Es un mito que denuncia el hecho de que los dioses también se equivocan y, por eso, humaniza a todos en la falta y en el coraje. Nos resulta valioso porque señala el registro de una autoridad capaz de tomarse el trabajo de realizar rectificaciones narcisistas, de la culpa y de la autoridad. Este es un mito arraigado en la cultura latinoamericana que tuvo que encapsularse debido a tantas desautorizaciones. Y quizá, en esta parte escondida de nuestra cultura, podemos encontrar esperanza para *"soltar la lengua"* y denunciar a las autoridades opresoras que amenazan aparecer y resurgir en América Latina.

7

WINNICOTT E OS IBEJIS (ERÊS): UMA POSSIBILIDADE DE RESISTÊNCIA DESCOLONIAL E DE UM NOVO LUGAR PARA A RELAÇÃO ENTRE ADULTOS E CRIANÇAS NA PSICANÁLISE DA MITOLOGIA BRASILEIRA

1. A cultura brasileira: do folclore à mitologia e à cultura popular

Segundo Casadore (2016), a mitologia foi um emento importantíssimo na história do movimento psicanalítico na Hungria, terra de Sandor Ferenczi. Segundo o autor, a vinculação dos estudos de folclore e da mitologia húngara foi um dos pilares que permitiram a resistência do povo húngaro diante da desautorização promovida pelo chamado império austro-húngaro sobre a cultura dos judeus magiares. Mas estaria esse fenômeno restrito aos heróis húngaros da resistência? Obviamente que não.

Interessantemente a mitologia e a cultura popular também foram uma esfera de resistência na diáspora dos africanos levados para todas as partes do mundo a partir das eras das grandes navegações no século XV. E principalmente no século XX com o nascimento do chamado movimento da negritude os pensadores, artistas e intelectuais afrodescendentes utilizaram a mitologia e a cultura popular africana ou de raízes negras como movimento para resistência e fortalecimento da autoestima desse povo (DURÃO, 2020).

A pergunta que fazemos é: seria possível que a psicanálise tivesse ou tenha um papel parecido no Brasil? A resposta é afirmativa. Mas com algumas reticências que discutiremos a seguir.

Mas o que é folclore e mitologia? E a sua relação com a psicanálise? Segundo Arthur Ramos (1950), os estudos sobre folclore nascem na busca do entendimento sobre a cultura dos contos do povo (folk = povo; lore = contos/tradição). Segundo o autor essa é uma categorização dos estudos das culturas populares que sofreu uma dicotomia entre uma cultura dita erudita e outra cultura tida como popular. Por isso em um primeiro momento do estudo sobre o folclore dos povos ao redor do mundo a perspectiva adotada era marcada pelo estereótipo sobre o que é esquisito ou exótico. Mas felizmente as coisas mudaram, e segundo Edison Carneiro (1962) os estudos sobre o folclore, a cultura popular e os mitos de cada povo saíram de um lugar de disciplina secundária para se tornar uma disciplina primária vinculada principalmente à antropologia.

Segundo Renato Almeida (1961) o estudo do folclore, da cultura popular ou cultura tradicional de um povo passa a ser representado belissimamente como o estudo da zona intermediária entre o eu e o todo, e por isso passa a ter relação com a psicologia dos povos, a alma coletiva de uma cultura, suas ideias e seus sentimentos materiais e imateriais. Por isso, segundo o autor, trabalhar com a cultura popular é sempre estar aberto para um trabalho interdisciplinar. Atualmente, assim como nos tempos citados por Almeida, o estudo das mais diversas expressões da cultura popular é embasado na antropologia, mas também dialoga com outros áreas do conhecimento como a psicologia, a sociologia, a linguística, a arte, a pedagogia etc.

De uma forma ainda mais específica, a definição de folclore segundo Edison Carneiro (1962) é a "expressão da experiência peculiar de vida dos coletivos humanos nas sociedades civilizadas, caracterizadas pela espontaneidade e dotado do poder de motivação" (CARNEIRO, 1962, p. 57). Portanto, quando falamos de folclore, estamos também falando de todas as produções singulares de cada sociedade e cultura, que encontra na cultura popular e tradicional sua forma de expressão em religiões, mitos, lendas, contos, danças etc. Nessa definição de Carneiro (1962), antes de mais nada, o folclore é mais do que um artigo de museu, é também a expressão singular de cada cultura que também é responsável por motivar a vida cotidiana de seus integrantes. Assim, o folclore e a cultura popular também são aquilo que vive dentro das religiões, da arte, das festas populares e da ciência.

Segundo Carneiro (1962) os estudos de folclore no Brasil possuem uma série de momentos diretamente vinculados aos momentos históricos do povo e da sociedade brasileira. No período colonial que vai de 1500 até 1808 a cultura popular brasileira tem seu registro feito principalmente do ponto de vista documental a partir dos viajantes que chegam ao Brasil e começam a registrar a cultura dos povos originários, afrodescendentes e europeus que estavam vivendo no país. Assim, com o tempo, a cultura popular brasileira surgiu e ganhou força da mistura dessas três células germinativas.

Essa mistura de culturas diferentes é tão importante que Câmara Cascudo (1961) chega a dizer que não existe cultura pura ou original, pois todas as culturas ao redor do mundo são frutos da interação. Esse tipo de registro do folclore persiste até por volta 1889. Dessa época podemos citar o registro da cultura popular de Gaspar de Carvajal sobre as amazonas; Padre Anchieta sobre os demônios selvagens; Saint Hilaire sobre a folia do Divino; Debret sobre o Sábado de Aleluia etc. (CASCUDO, 2003a).

Voltando a Carneiro (1962), segundo o autor, nos tempos da primeira república brasileira acontece um primeiro hiato nos estudos do folclore que será preenchido pela literatura regionalista, que encontrará nessa área um campo fecundo para a criação e documentação das características do povo brasileiro no nordeste, sudeste, e sul principalmente.

Para Carneiro (1962) um primeiro renascimento dos estudos de Folclore no Brasil surge em 1919 com João Ribeiro no Rio de Janeiro no Museu Nacional. Esse período no início do século também será marcado pelo trabalho de importantes pesquisadores como Nina Rodrigues e Arthur Ramos. Segundo Soares (2010) com o nascimento da Era Vargas surge o interesse de criar uma nação verdadeiramente brasileira e por isso o folclore ganha pela primeira vez um lugar político reconhecido pelo estado. É a partir desses tempos que surge o movimento do folclore brasileiro que encontra em Mario de Andrade, Câmara Cascudo, Renato Almeida e Guilherme Melo seus decanos. Mais tarde, por volta de 1961 surge a *Revista do Folclore Brasileiro,* responsável por unificar todo o conhecimento sobre essa disciplina no Brasil. Aqui podemos citar Euclides da Cunha com seus contos sobre vaqueiros (CASCUDO, 2003b).

Depois disso, segundo a autora, nos tempos da ditadura no Brasil, nos tempos de 1964, o folclore é novamente investido politicamente, mas agora na busca de conferir não mais uma criação da nação como na Era Vargas, mas uma unificação da nação brasileira sob as lentes do patriotismo. Segundo o autor, os últimos importantes respiros para a área da cultura popular aconteceram com o músico e intelectual Gilberto Gil como ministro da cultura, que nos anos 2000 conferiu importantes políticas públicas para a cultura popular e o folclore.

Podemos pedir licença a todos os autores e atualizar sua linha cronológica adiantando que um novo momento dos estudos e apropriação da cultura popular, do folclore e da mitologia brasileira e latino-americana já estava em andamento na segunda metade do século XX: é a ressignificação da noção de folclore, mitologia e da cultura popular a partir dos estudos descoloniais. No Brasil a obra de Lelia Gonzales (2020) e Abdias Nascimento (2019) são expressões dessa força descolonial que encontra na cultura popular matéria-prima para resistência.

Atualmente os estudos sobre a descolonização trazem uma crítica ácida e contundente sobre a noção de folclore. Os autores alertam e denunciam que além de separar o erudito do popular a noção de folclore traz uma manifestação da lógica da colonialidade ao desautorizar as culturas periféricas sem entender que o que era chamado de folclórico na verdade era e continua sendo uma cultura viva em plena força de resistência (NOGUEIRA, 2020). Podemos enquadrar nessa denúncia diante da folclorização da tradição e das mitologias dos povos originários e afro-brasileiros que não são meros artigos de folclore, mas a forma viva de resistência diante do poder e da violência do capitalismo e do racismo estrutural (NOGUEIRA, 2020). Justamente por tratar-se de uma cultura viva e pulsante em sua forma de resistência e luta trataremos e denominaremos os conhecimentos dos povos afro-brasileiros e dos povos originários do Brasil de cultura popular, ou mais especificamente de mitologias Brasileiras. E se segundo Carneiro (1962) o folclore e a mitologia estão inseridos na cultura popular, tomamos a opção de denominar o antigo folclore por cultura popular, visando reforçar o carácter vivo e espontâneo desse fenômeno.

A relação da psicanálise com a mitologia é tão estreita que remonta ao início da própria psicanálise. Está desde a relação do conceito de complexo de édipo retirado da mitologia greco-romana para entender o funcionamento da mente humana até a chamada psicanálise aplicada que nasceu do estudo do inconsciente presente nas artes, nas mitologias etc. Uma obra importante no início desses trabalhos foi o livro de Karl Abraham chamado *REve e Myth* e também o livro seminal de Otto Rank chamado *O mito do nascimento do herói*. Na obra genial de Rank (1981) temos uma série de mitos analisados pelo autor como Moisés, Édipo, Tristão, Hercules etc. Também na obra de Otto Rank podemos perceber tanto uma análise psicanalítica de mitos de populações antigas, como a greco-romana, quanto uma análise de mitos que continuam vivos e pulsantes até os dias de hoje, como Moisés, Jesus, Buda. Portanto não existe nada de novo em utilizar a escuta da mitologia a partir da psicanálise e do inconsciente para analisar mitos de populações que ainda pulsam e estão vivas ou que já desapareceram.

Mas o que pode trazer uma imensa contribuição para o campo psicanalítico, para o estudo das mitologias e da cultura popular e para os estudos descoloniais é promovermos uma conversão de todas essas áreas buscando encontrar tanto expressões do inconsciente incrustado nos mitos quanto manifestações de resistência e luta da força descolonial e novos olhares sobre a mitologia dos povos periféricos. Alguns psicanalistas que vieram depois de Freud, como Ferenczi e Winnicott, lançaram novos olhares sobre a subjetividade e a sociedade. Assim as teorias psicanalíticas desses últimos autores podem projetar novos olhares sobre antigos problemas porque elas estão situadas em eixos paradigmáticos e epistemológicos diferentes dos que existem na modernidade (ARMONY, 2018). Além disso os estudos descoloniais permitem que se valorize e se escute lutas e vozes que por muito tempo foram caladas e denegadas.

A cultura brasileira é reconhecidamente marcada por originar-se do intercâmbio entre diversas culturas e povos. Durante muito tempo essa interação foi perversamente e superficialmente chamada de miscigenação entre os núcleos europeus, indígenas e afrodescendentes. Essa denominação é extremamente ideológica porque ela denega o jogo de poder que existe nas interações entre raça, classe e gênero que age sorrateiramente silenciando a denúncia ou o sofrimento de boa parte da população brasileira de descendência africana ou dos povos originários. Por isso, a tarefa de um pensamento descolonial é tão importante, porque ela visa desvelar esse jogo de poder entre colonizador x colonizado, brancos x negros, algoz x vítima, alienação x desalienação, capital x trabalho etc. E por que não, talvez, até lançar um novo olhar sobre as mitologias desses povos?

Essa ideia de Câmara Cascudo sobre a miscigenação e interconectividade entre as culturas também é assegura pelo intelectual do movimento negro do Harlem-New York, J. A. Rogers. Em seu livro *Sex and Race: Negro-caucasian mixing in all ages and all lands* (1952), o autor faz um vasto apanhado sobre a mistura de culturas e raças desde a antiguidade, passando pela idade média até a modernidade. Segundo o autor, todas as culturas ao redor do mundo possuem elos de uma profunda mistura racial e cultural. Mas para Rogers (1952) é justamente a partir do século XV, com o nascimento do liberalismo, das grandes navegações e do início do século das grandes colonizações que as noções de raça, cor e cultura começam a ganhar contornos racistas e dialogar com uma lógica de poder e discriminação. Os negros e os povos periféricos passaram a ser ideologicamente colocados no lugar de selvagens, não civilizados, infantis. Essas categorias foram correntes coloniais que aprisionaram esses povos como escadas para o capital e o pensamento eurocêntrico.

Obviamente que o que não falta na história da humanidade é o relato sobre perseguições de um povo sobre o outro para sustentar uma lógica de poder. Basta olharmos para a perseguição sofrida pelos judeus desde os tempos mais antigos em sua fuga do Egito; a fuga da dominação visigótica; a fuga da inquisição portuguesa até chegar ao holocausto, por exemplo (LAWRENCE, 2017). Em todo esse movimento histórico vemos claramente a luta do povo judeu para enfrentar a perseguição religiosa e o racismo. Mas o acontece de inédito no século das navegações é a imensa sistematização de um racismo estrutural que viu no povo negro e nos povos originários do novo mundo um lugar e um povo a ser explorado e mercantilizado continuamente e ininterruptamente. E mais do que isso, a cultura, os corpos, os saberes dos povos africanos e do novo mundo foram utilizados como comprovação de selvageria e do que não era civilizado para assegurar o domínio dos saberes do europeu sobre o mundo.

Assim, a era da colonização a partir de 1500 marca um momento histórico em que o suposto novo mundo e os povos periféricos foram colocados em um lugar de inferioridade científica, cultural, política e subjetiva justamente para justificar sua exploração pelo capital. Sua cultura e sua subjetividade foram denegadas e desautorizadas. A noção de raça passa a ser utilizada para construir uma hierarquização do mundo entre colonizador e colonizado, em que esse último é visto como inferior. O colonizador seria aquele que se coloca como representante de um projeto civilizatório cujo papel seria o de dominar uma outra cultura. Dominar para denegar e explorar tudo que esse outro possui. A denúncia dessa violência da lógica da colonialidade é sintetizada por Frantz Fanon, que aponta a hierarquia e o relativismo cultural como uma das engrenagens da denegação dos povos e culturas da periferia do mundo (FANON, 2020). E a lógica da colonialidade continua viva nas estruturas sociais, científicas, culturais. Ou até mesmo no neocolonialismo do século XX, como pudemos observar nas guerras do Vietnã, Coreia etc.

Então, se por um lado a suposta miscigenação e o sincretismo podem ser vistos como uma potencialidade da cultura popular e do folclore diante de um mundo interconectado e em profundo contato; por outro lado, essa mesma miscigenação também pode estar a serviço da lógica de poder que busca apagar as contradições da sociedade quanto às experiências de dominação e exploração pautadas na noção de classe, raça e gênero. Segundo Quijano (2005), o projeto colonizador acabou com o fim das eras das grandes navegações, mas a colonialidade ainda se faz presente. Ela continua sustentada na noção da raça e no patriarcalismo, que sustentam a dominação sobre a religiosidade, a sexualidade e o saber dos povos e culturas colonizados. A mais perfeita expressão desse último acontecimento no que diz respeito à crítica da miscigenação são as atuais reflexões sobre o conceito de democracia racial (DEVULSKY, 2021) e colorismo (ALMEIDA, 2021).

Mas o que passou desapercebido por Carneiro e Soares em sua retrospectiva sobre o movimento do folclore e o movimento da cultura popular? Quais seriam as raízes da tentativa de se utilizar da mitologia dos povos periféricos para ferramenta crítica e emancipação diante da violência da colonialidade? Segundo Durão (2020) sempre existiram dentro do movimento da diáspora africana, e mais especificamente do movimento da negritude, autores que utilizaram a cultura popular e a mitologia dos povos e culturas afrodescendentes e latino-americanos como matéria-prima para reivindicar resistência e protagonismo diante do status quo e do racismo estrutural. Aqui podemos perceber um importante giro descolonial praticado por esses pensadores negros porque esses utilizam a cultura popular denegada como exótica, selvagem ou mero folclore para encontrar pontos de insurreição, coletividade e crítica. Esses pensadores da diáspora negra estavam espalhados por todo canto do mundo: América do Norte, América Central, América do Sul, Europa e África, por exemplo.

Durão (2020) faz questão de nomear os expoentes nesse trabalho com a cultura popular. O autor traça uma genealogia do movimento da negritude seguindo os passos do poeta, pensador e filósofo africano Leopold Senghor, conhecido como pai desse movimento da negritude, junto a Amei Cesaire e León-Gontram Damas. O movimento da negritude surgiu na França em meados do século XX na busca de promover uma revolta nas condições econômicas, políticas, subjetivas e culturais dos afrodescendentes ao redor do mundo. Uma revolta cujo objetivo era denunciar a violência da escravidão, da colonização e da colonialidade permitindo uma ressignificação do lugar do negro diante de si mesmo e da sociedade. Senghor utiliza a palavra negritude porque ela em francês *(negré)* tinha um cunho pejorativo utilizado para desvalorizar os negros. Assim ressignificar a palavra *negré* para negritude, como exemplo de orgulho e empoderamento, era o pontapé inicial de um iceberg de revoluções dos pensadores negros da diáspora africana que passaram a operar na filosofia, na ciência, na arte, na política etc. Essa era a semente do que na cultura pop ficou conhecido como movimento black power, que marcava o orgulho da negritude e suas origens.

Para Durão (2020) embora o movimento da negritude tenha sido consumado por Senghor, o próprio poeta-filósofo africano deixou claro que as raízes do seu movimento o antecederam. Segundo o autor, o pensamento sobre a negritude começa nos Estados Unidos no movimento político e cultural dos afrodescendentes no Harlem no início do século XX, depois vai influenciar os pensadores africanos da diáspora negra em meados do século XX. E na segunda metade de século XX vemos renascer mais um movimento dos pensadores da diáspora negra em sua relação com o pensamento descolonial como Frantz Fanon e o movimento do Panteras Negras nos estados unidos, por exemplo.

Para Durão (2020) são justamente esses três tempos do movimento da negritude que podemos observar entre os pensadores negros norte-americanos, africanos, franceses. Eles utilizaram a cultura popular negra ou de raízes negras para fortalecer a resistência ao sistema opressor. Primeiramente temos o renascimento do Harlem, o chamado Harlem Renaissance, em que menciona-se Langston Hughes como pensador responsável por utilizar o paganismo dos negros como um instrumento de rebelião. Para Durão (2020), Senghor entendeu que mesmo diante da escravidão norte-americana havia certos valores africanos importantes que foram mantidos na cultura popular da tradição folclórica representados pelos spirituals, pelas folks balads e sorrows songs – tendo esse último elemento forte relação com o blues norte-americano. Para Durão (2020) todos esses elementos compõem a obra de Leopod Senghor em seu movimento da negritude.

Uma vez dado início o movimento da negritude por Senghor, Cesaire e Damas, houve uma explosão de intelectuais que utilizaram-se desse movimento para promover um giro descolonial dentro da cultura popular de diversos países. Dentre eles podemos citar Jean Price-Mars, estudioso da arte e religião haitiana e sua reabilitação frente à denegação da colonialidade. Durão (2020) também cita Fernando Ortiz, responsável por defender a valorização da vida e alma cubana; dentre outros pensadores que encamparam a mesma onda. Todo esse fecundo movimento encontrou nas revistas francesas *Reveu du Monde Noir, Lègitime Défense*, dentre outras, uma forma de encontro entre os diversos pensadores da diáspora negra em seu projeto de repensar e lutar por um outro lugar do negro no pensamento mundial.

Mas o Brasil estava em standby durante todo esse tempo no século XX? Certamente que não.

Nogueira (2021) nos aponta que no Brasil a cultura popular foi um importante *ethos* para a resistência do povo negro, que encontrou no samba, na capoeira e na religião afro-brasileira seus pilares de resistência. O que não falta no Brasil são exemplos de intelectuais, artistas e militantes políticos que utilizaram esses pilares para trazer a cultura, o corpo, as vozes e as lutas do povo negro para o cenário político e cultural. Recentemente a filósofa Djamila Ribeiro utilizou uma coleção chamada de "Feminismos plurais" para atualizar o conhecimento da cultura brasileira sobre temas importantes para o movimento negro. Dentro do movimento da cultura popular podemos citar o intelectual negro brasileiro Nei Lopes (FAUSTINO, 2009), também podemos citar Sueli Carneiro (BORGES, 2009), Abdias do Nascimento (ALMADA, 2009) e Lélia Gonzáles (RATTS; RIOS, 2009), dentre tantos outros.

Mas para o nosso artigo podemos citar no Brasil especificamente os trabalhos de Abdias Nascimento no final do século XX. Ele foi um importante intelectual brasileiro com contribuições incomensuráveis para o movimento negro. Foi o criador do teatro experimental do negro no Rio de Janeiro, e uma voz incansável na luta e no diálogo sobre as questões da colonialidade no Brasil e no mundo, tendo inclusive contato com Amei Cesarie, o fundador do movimento da negritude e do pensamento descolonial. Em uma das conferências internacionais das quais participou, Nascimento (2019) questiona os líderes mundiais do movimento negro pelo fato de os encontros internacionais tomarem os idiomas francês e inglês como línguas internacionais. Segundo o autor, no Brasil sempre existiram importantes vozes na luta do movimento negro em nosso país, mas que essas vozes tornaram-se ilhadas na conjuntura internacional devido ao lugar geográfico do Brasil; mas também devido às barreiras da língua. Assim durante muitas décadas os afrodescendentes militantes do Brasil acabaram sendo representados politicamente por quem não os representava. Nascimento (2019) constrói uma belíssima crítica dizendo que o Brasil foi o país que mais recebeu africanos durante o período da escravidão, e que por isso o Brasil deveria ter um lugar de fala reconhecido, e principalmente ter a sua língua reconhecida como uma das línguas oficiais dos encontros internacionais. Assim os intelectuais orgânicos brasileiros poderiam se fazer presentes e contar suas lutas.

Abdias do Nascimento (2019) também utilizou a cultura popular como uma forma de ressignificar a luta do movimento negro no Brasil. Dentre tantas das suas contribuições, podemos citar o resgate da história do movimento quilombola no Brasil. O autor toma os quilombos como movimento importante nos tempos da escravidão e que continuam vivos pulsando no Brasil. O Quilombismo seria a possibilidade de reivindicar um lugar de potência política, subjetiva e científica dos movimentos negros e quilombolas em seu poder de resistência e transformação.

Mas quais seriam as contribuições da psicanálise para a mitologia e para a cultura popular brasileira e para o pensamento descolonial?

2. As contribuições psicanalíticas de Arthur Ramos para a estudo do folclore, das mitologias brasileiras em sua luta contra o higienismo

Como vimos, no começo do século XX Arthur Ramos alcançou um lugar de proeminência nos estudos do folclore e da cultura popular brasileira. Dentre todas as potencialidades e vanguardas de seus estudos e pesquisas, o que nos interessa é a utilização da psicanálise como ferramenta metodológica para análise do folclore, dos mitos e da cultura popular brasileira. Depois dele quem se destacou na utilização da psicanálise para se pensar o Folclore e a cultura popular brasileira foi Mario de Andrade. Mas sem dúvida nenhuma os trabalhos de Arthur Ramos foram tão importantes para a sua época que eles transcenderam no tempo com frutos que podemos colher ainda hoje.

Num primeiro momento buscaremos ressaltar as importantes revoluções operadas por Arthur Ramos sobre as análises do folclore da cultura popular brasileira tendo a psicanálise como bastião. Inclusive, diferentemente de todos os seus contemporâneos, em seu livro *Estudos de folclore*, Ramos (1951), além de apresentar a antropologia, a linguística, a história e a literatura como campos do conhecimento responsáveis para oferecer elementos para a análise da cultura popular, também insere a psicanálise como importante ferramenta metodológica. Depois faremos uma crítica ao pensamento de Arthur Ramos lançando mão das discussões sobre a colonialidade para oferecer uma possibilidade de leitura que não estava disponível para o autor em sua época. Assim promoveremos um giro descolonial sobre as antigas leituras sobre a mitologia brasileira que sairá de uma posição de primitivismo para uma noção de resistência e força.

Em sua definição de folclore Arthur Ramos nos diz que ele é a "ciência que estuda a expressão, nas crenças populares, instituições, práticas, literatura oral, e artes e passatempos da vida mental e espiritual do *folk*, do povo em geral" (RAMOS, 1951, p. 17). De forma mais abrangente, em sua definição de cultura o autor nos diz ela é "a soma total das criações humanas. É tudo que o homem faz ou produz, no sentido material ou não-material" (RAMOS, 1951, p. 24). Portanto Ramos (1951) nos oferece uma visão mais abrangente sobre os mitos, o folclore e a cultura popular demonstrando que eles estão inseridos dentro das expressões culturais como todas as outras. Esse detalhe é importante porque o autor está inserido dentre os pensadores que buscavam com todo esforço retirar a noção de folclore e cultura popular do lugar estereotipado e segregado a que estava relegado no começo do século XX.

Para o autor, a divisão entre a cultura erudita e uma cultura popular estava sustentada em uma reprodução da divisão de classes e colaborando para uma ilusão da existência de uma cultura mais evoluída em detrimento de outra exótica. Essa seria a primeira concepção sobre o folclore. Depois, felizmente, essa divisão se diluiu, chegando a um segundo momento dos estudos do folclore e da cultura popular em que essa foi colocada em pé de igualdade com todos os outros tipos de produções culturais. Ela acabou sendo responsável por designar o estudo dos aspectos culturais de qualquer povo em qualquer âmbito como "mitos, contos, fábulas, adivinhas, músicas e poesia, provérbios, sabedoria tradicional e anônima" (RAMOS, 1951, p. 26).

Arthur Ramos (1951) nos enumera seis tipos de teorias ou escolas mitográficas que seriam responsáveis por oferecer conhecimento capaz de analisar ou interpretar os conteúdos latentes presentes na cultura popular: as teorias antigas ou pré-científicas, as teorias filológicas e alegóricas, as teorias naturalistas, as teorias históricas e difusionistas, as teorias ritualísticas e litúrgicas, e, por fim, as teorias antropológicas e psicológicas. No caso das teorias psicológicas, Ramos (1951) nos oferece a exemplificação da teoria psicanalítica de Sigmund Freud, Karl Abraham e Otto Rank como máximos expoentes no estudo psicanalítico dos mitos. E de fato esses são autores da psicanálise que estavam à sua disposição nesse início do século XX.

Arthur Ramos (1951) nos oferece três capítulos sobre a importância da psicanálise para o estudo e análise dos mitos, demonstrando-nos sua explícita predisposição para a utilização das teorias psicanalíticas nos estudos sobre o folclore. Segundo o autor:

> Foi, porém com a publicação desta obra basilar da psicanálise que é a interpretação dos sonhos (1900) que Freud mostrou o verdadeiro significado da analogia entre sonho e o mito. A descoberta do simbolismo onírico permitiu essa aproximação. O sonho utiliza imagens simbólicas, isto é, determinadas representações que se põem em lugar de outras idéias inconscientes, que precisam ser assim "interpretadas". Mas

> esses símbolos não pertencem exclusivamente ao sonhador. Eles são uma espécie de patrimônio inconsciente coletivo, que se pode verificar no psiquismo popular, nos mitos, nas lendas, nos provérbio, etc. O símbolo é, pois na maior parte dos casos, filogenético, pertence à enorme experiência dos casos, filogenético, pertence à enorme experiência das gerações. "Esta simbólica – escreve Freud (13) – não pertence ao sonho exclusivamente, mas é uma representação inconsciente, especialmente do povo, mostrando-se no *folk-lore*, nos mitos, lendas, modismos, provérbios e nas anedotas habituais de um povo, de uma maneira mais compreensível que no sonho (RAMOS, 1951, p. 143).

Ainda mais adiante, Ramos (1951) nos oferece uma compreensão muito importante de Karl Abraham sobre os mitos, segundo ele, "o mito contém (de forma disfarçada) os desejos infantis de um povo" (RAMOS, 1951, p. 145). E mais adiante: "O mito é um fragmento sobrevivente da vida mental infantil do povo, e o sonho, o mito do indivíduo" (p. 145-146).

Arthur Ramos tem toda razão sobre a utilização da psicanálise na análise e interpretação dos sonhos e dos mitos. Freud escreve *A interpretação dos sonhos* em 1900, um texto que marca o nascimento da psicanálise sob os estudos do inconsciente, da sexualidade e da repressão. Nessa obra Freud (1900/1996) nos diz que os sonhos são as realizações disfarçadas e desejos reprimidos. Os sonhos teriam, assim, uma divisão entre os seus conteúdos latentes e os conteúdos manifestos, sendo que é justamente nos primeiros que residem as realizações de desejos. O conteúdo manifesto seria o sonho confuso e desorganizado que lembramos ao acordar. Mas Freud (1900/1996) nos diz que essa confusão foi resultado de um trabalho do sonho que disfarçou seus conteúdos mediante a repressão para que o sonhador não tivesse avesso ao conteúdo latente, inconsciente e verdadeiro motivo dos sonhos. Assim, nessa obra, Freud (1900/1996) nos demonstra que os sonhos possuem um conteúdo latente a ser desvendado e que isso também acontece com os mitos. Para Freud (1900/1996) os mitos são os sonhos de cada cultura na civilização.

A importância dos mitos na psicanálise é tão explícita que muitos conceitos psicanalíticos têm sua origem nos mitos greco-romanos como complexo de édipo, narcisismo, Eros e Ananke, dentre outros. Assim, depois de Freud – o pai da psicanálise – vários psicanalistas adentraram no estudo dos mitos, como Karl Abraham, Otto Rank e Geza Hoheim. Esse é um caminho que se segue até os dias de hoje, mais de um século depois da publicação de *A intepretação dos sonhos* de Freud. Mas o que faz a total diferença dos estudos de Arthur Ramos no início do século XX é o fato de ele utilizar a psicanálise para estudar os mitos e o folclore brasileiro, não ficando preso exclusivamente aos mitos greco-romanos ou mitos europeus.

Muitos psicanalistas até hoje seguem reproduzindo os estudos e análises dos mitos gregos (os preferidos do pai da psicanálise). Esses psicanalistas, estudiosos e pesquisadores em geral parecem se esquecer de que no Brasil também existe uma série de riquezas mitológicas que podem em muito contribuir para o entendimento tanto da vida psíquica e cultural do povo brasileiro quanto sobre nosso psiquismo e a relação entre o sujeito e a cultura.

Ao contrário de ficar preso em um eurocentrismo, Arthur Ramos utilizou a psicanálise para empreender um imenso trabalho de estudo da demopsicologia brasileira como os mitos indígenas, afro-brasileiros, das diversas regiões brasileiras de Norte a Sul do país, dentre outros. Esse amplo estudo fica muito evidente em toda a sua obra. Inclusive Arthur Ramos trocou cartas com Sigmund Freud sendo elogiado pelo psicanalista vienense tanto pela sua utilização da psicanálise quanto pelas suas análises de mitos e lendas brasileiras.

Outra empreitada de Arthur Ramos que não podemos deixar de mencionar é a sua utilização da psicanálise para combater o higienismo tão presente e forte na cultura e ciência brasileira no início do século XX. Nessa época, a ciência psiquiátrica professava que os povos negros e afrodescendentes eram mais suscetíveis às doenças psiquiátricas devido à sua predisposição racial para as degenerações nervosas. Ramos vai utilizar a psicanálise para fazer crítica a essa ideia e demonstrar que os sofrimentos psíquicos não tinham relação com a raça. Mas eram produzidos por conflitos psíquicos universais na/da humanidade.

Podemos entender que os estudos de Arthur Ramos sobre o folclore, os mitos e a cultura popular e tradicional brasileiras nos deixaram três importantes frutos. Primeiramente, Ramos foi um dos primeiros grandes intelectuais brasileiros a utilizar-se da psicanálise como uma ciência que contribuiu na análise dos mitos brasileiros. Esse ponto é importante porque Ramos não fica preso à utilização das mitologias europeias como é tão comum na psicanálise brasileira até os dias de hoje. Um segundo ponto importante é que ao utilizar-se da psicanálise para analisar os mitos brasileiros Arthur Ramos colabora na quebra da hierarquização injusta entre uma cultura popular e outra erudita em que uma seria vista como mais evoluída e outra mais atrasada ou exótica.

Quando Ramos (assim como Freud) coloca todas as produções da cultura sobre o mesmo denominador comum (o inconsciente), Ramos comprova que os mitos brasileiros (assim como todos os outros mitos dos mais diversos cantos do mundo) possuem a mesma origem psíquica que os outros povos, quebrando a lógica patologizante, as comparações e a hierarquia injusta entre as produções culturais e sociais. E como já mencionado, um terceiro ponto relevante das contribuições de Arthur Ramos para o nosso estudo é que esse autor brasileiro ajudou a desconstruir as ideologias perversas presentes em sua época, como a eugenia e o higienismo (FERREIRA, 2007).

Ramos utilizou-se da psicanálise na análise do folclore como possibilidade de demonstrar que os elementos presentes em todos os mitos e lendas brasileiros são os mesmos elementos presentes nas demais mitologias ao redor do mundo. Isso não ficou restrito ao folclore, Ramos ajudou a ciência brasileira a entender que os sofrimentos psicopatológicos são resultados de conflitos psíquicos inconscientes presentes em todas as raças igualmente. Não existiria assim nenhuma predisposição dos negros, crioulos, caboclos para desenvolverem essas ou aquelas psicopatologias, como era sugerido pelo higienismo e a psiquiatria da época. Uma vez que os sofrimentos psicopatológicos foram entendidos como tendo sua origem psíquica, não seria no corpo biológico, pela degeneração das raças, que se encontraria sua origem, explicação e prevenção. Dentre os mitos analisados por Ramos (2007) podemos citar os Orixás, as festas populares, Maracatus, bumba-meu-boi, cordões de carnaval, dentre tantos outros temas.

Como crítica à teoria de Arthur podemos lançar luz sobre dois pontos. Primeiramente que o autor está em um momento histórico em que não lhe foi possível lançar mão da noção de colonialidade para denunciar a violência colonial sofrida pelos povos do terceiro mundo diante da desautorização promovida pela colonização. Assim, se de um lado temos um Arthur Ramos que combate o higienismo e os preconceitos com o folclore e a cultura popular brasileira, de outro lado temos um Arthur Ramos que mantém esses mitos e cultura senão no lugar de primitivismo, ainda no lugar do que é arcaico. O segundo ponto importante é que Arthur Ramos lançou mão da teoria que lhe estava à disposição em sua época: a teoria psicanalítica de Sigmund Freud. Mas a teoria psicanalítica se desenvolveu muito desde seu nascimento com Freud, passando pelas contribuições de Sandor Ferenczi, Melanie Klein, Donald Winnicott, a ainda continua em plena expansão. Por isso nos questionamos: será que esses novos autores nos possibilitam visões e críticas capazes de oferecer novos paradigmas para o entendimento dos mitos e da cultura popular, juntamente às leituras descoloniais?

3. Os estudos da cultura popular e da mitologia a partir da psicanálise e aplicada à descolonização da infância

Podemos perceber como Arthur Ramos utilizou vários psicanalistas conhecidos como representantes da primeira geração de psicanalistas, como Sigmund Freud, Karl Abraham, Otto Rank, porque esses eram os autores que estavam disponíveis para seus estudos. Depois dessa primeira geração seguiu-se um profundo avanço da ciência psicanalítica ao longo do século XX com as contribuições de Melanie Klein, Sandor Ferenczi, Donald Winnicott, Françoise Dolto, Jacques-Lacan, dentre tantos outros que até os dias de hoje seguem no estudo do inconsciente. Nesses novos avanços da ciência psicanalítica, inevitavelmente, acontece a descoberta de novos prismas para se entender o funcionamento das formações do insciente, da personalidade, da cultura e dos sofrimentos psíquicos. Se Arthur Ramos utilizou-se da psicanálise para tantos avanços sobre a interpretação e compreensão da cultura e do povo brasileiro, para combater o higienismo e a eugenia, quais as novas contribuições que a psicanálise contemporânea pode dar para as discussões atuais nesse campo, principalmente a partir do pensamento descolonial?

Segundo Maria Ribeiro (1962), os estudos da cultura popular que se expressam no folclore, nos mitos, nos contos populares, podem oferecer importantes elementos a serem utilizados por todas as ciências e empreendimentos, como na pedagogia, na sociologia, na antropologia. Isso acontece porque eles oferecem uma matéria-prima rica e importante sobre valores humanos, sabedorias, filosofias. Mas segundo a autora, caberia aos professores ou pesquisadores separar o joio do trigo para melhor aplicação da cultura popular para as mais diversas finalidades. Foi isso que Arthur Ramos fez ao aliar os conhecimentos psicanalíticos com a análise dos mitos brasileiros para ajudar a desconstruir o preconceito da eugenia e do higienismo (FERREIRA, 2007).

Entendemos que a cultura brasileira oferece um campo singular e diversificado para discutirmos os mecanismos psíquicos presentes no indivíduo e na cultura, como fizeram Arthur Ramos, Freud e Abraham. Mas também podemos utilizar os estudos sobre a cultura popular e a mitologia afro-brasileira para trilharmos um novo caminho diante de uma nova empreitada: a descolonização da infância. Entendemos que se a união da ciência psicanalítica com a análise dos mitos brasileiros permitiu a Arthur Ramos desconstruir e denunciar a violência do higienismo sobre os povos negros e índios diante da eugenia, também podemos proceder nessa metodologia para outros fins: denunciar, descontruir e elaborar um outro tipo de violência bastante estudado nos dias atuais, que é colonialidade, e mais especificamente a colonização da infância.

Em nossos estudos nós utilizaremos a psicanálise de Donald Winnicott para lançar luz sobre novas problemáticas sobre o infantil, a infância e a descolonização da infância em conformidade com problemas de nosso século XXI. Portanto, propomos uma passagem de Arthur Ramos em seu paradigma freudiano do início do século XX para a análise dos mitos brasileiros em pleno século XXI sob os paradigmas da psicanálise de Donald Winnicott. Essa mudança não é apenas uma mudança de autores cronologicamente mais atuais. Promover um avanço da psicanálise de Sigmund Freud para a psicanálise de Donald Winnicott, mais do que atualizar temporalmente os autores, representa a possibilidade de utilizarmos outros conceitos e dispositivos psicanalíticos que não estavam disponíveis ao pai da psicanálise e a Arthur Ramos. Donald Winnicott nos permite descobrir novos olhares para o infantil, a infância e o lugar das crianças na produção e manutenção da cultura.

*

Segundo Ashis Nandy (2015) um dos pilares da colonialidade se fundamenta na colonização da infância. Isso aconteceu porque a colonialidade utilizou-se da categoria de infância e infantil como um dos pilares para construir a ideia de que os povos originários ou os povos do terceiro mundo representariam um momento de infância da civilização quando comparados às supostas civilizações mais desenvolvidas que representariam o momento adulto da civilização. Assim a categoria de infância foi utilizada como uma estratégia de dominação em que o velho mundo se colocaria como tutor e senhor do novo mundo. Essa ideologia só foi possível de ser construída a partir do século XV porque desenvolveu-se a mentira do lugar das crianças, da infância e do infantil como um lugar de selvageria, amadorismo, insensibilidade etc. Para Winnicott desenvolver sua teoria sobre o "desenvolvimento emocional primitivo", ele precisou desfazer uma série de lógicas de dominação epistemológicas que atuavam na relação entre o mundo adulto e o mundo da infância. Veremos que algumas lógicas de dominação desatadas por Winnicott são as mesmas a serem desatadas na descolonização da infância.

Entendemos que na história do movimento psicanalítico existe uma série de revoluções sobre o lugar da infância e do infantil que podem contribuir e muito na denúncia e no desvelamento sobre potencialidades dessa infância e do infantil juntamente ao pensamento descolonial, e principalmente com a descolonização da infância.

Sigmund Freud, quando fundou a psicanálise no início do século XX, o fez sob o eixo do desejo-repressão, uma compreensão que permanece atual sobre os funcionamentos do psiquismo, a psicopatologia e a relação do sujeito com a cultura. Mas os psicanalistas que vieram depois dele também continuaram o avanço do arcabouço teórico-clínico dentro da ciência psicanalítica pautada nos estudos sobre o inconsciente, a sexualidade e a repressão. Mas cada um contribuiu à sua maneira para desvendar novos modos de funcionamento do psiquismo e sobre as formações do inconsciente apresentando novas possibilidades de análise e interpretação desse conteúdo. Melanie Klein aprofundou o eixo angústia-cisão nos estudos de suas posições esquizoparanóides e posição depressiva. Sandor Ferenczi ajudou no aprofundamento dos estudos sobre traumas e os sofrimentos oriundos das relações intersubjetivas entre adultos e crianças. Winnicott contribuiu com discussões e elaborações teórico-clínicos sobre a jornada do desenvolvimento emocional primitivo da dependência absoluta até a independência relativa.

Mas o que não podemos deixar de notar é que cada um desses autores possui teorias e contribuições que vão muito além de novas compreensões sobre o aparelho psíquico, sobre as psicopatologias, e novas formas de compreensão sobre a relação do sujeito com a cultura. Cada uma dessas teorias também nos traz novas formas de se problematizar e compreender novas possibilidades de estudo e análise do infantil e da infância (ZORNIG, 2008). Ainda mais especificamente, podemos compreender que o desenvolvimento da psicanálise desde Sigmund Freud, passando por Melanie Klein, Sandor Ferenczi, até chegarmos a Donald Winnicott pode nos oferecer avanços científicos e epistemológicos responsáveis por rearticular o lugar no mundo das crianças e o mundo dos adultos na ciência psicanalítica e nas discussões sobre a descolonização da infância enquanto um pilar da colonialidade.

Estudar pormenorizadamente os avanços da teoria psicanalítica, dessa forma, pode nos oferecer um importante campo de estudo sobre o jogo de forças epistemológicas e nós coloniais que vão se desatando desde Sigmund Freud até Donald Winnicott. Nesse trajeto vemos aparecer diante de nossos olhos o surgimento de um novo lugar para a interação, a cooperação e os entraves entre o mundo dos adultos e o mundo das crianças. Todo esse caldo clínico e epistemológico nos oferece saídas para se pensar uma crítica à descolonização da infância e à contribuição do pensamento descolonial.

**

Vamos utilizar como exemplo a análise da lenda do bumba-meu-boi feita por Arthur Ramos para exemplificarmos nossas problematizações. Resumidamente a história do bumba-meu-boi fala sobre um casal de escravizados em uma fazenda do nordeste brasileiro. Nessa versão que estamos nos embasando seria uma fazenda de Pernambuco (CRIKA, 2015). Esse casal era formado por uma mulher grávida e seu marido e os nomes desses escravizados seriam Catirina e pai Francisco.

Um dia a grávida teve desejo de comer uma língua de boi. O marido na busca de satisfazer os desejos da mulher grávida matou um dos bois de seu senhor para dar de comer para a esposa. Diz a lenda que pai Francisco matou um determinado boi que era conhecido por sua formosura. Pai Francisco deu a língua desse boi para sua mulher depois de desossar sua carcaça, dividindo o restante do alimento com os demais escravizados. Só o que restou do boi foram seus ossos e seu rabo. Com o tempo o patrão começou a sentir falta do boi morto, principalmente porque tratava-se de um valioso boi vindo do Egito. Era um boi grande e bonito. Mas depois de muito perguntar sobre o boi aos escravizados e não obter resposta sobre seu paradeiro, o coronel chorava dia e noite pelo desaparecimento do boi, e por não descobrir sobre sua morte ficou transtornado e entristecido. Um dia um escravizado contou ao senhor que havia sido pai Francisco que matara o boi. Ao saber que foram denunciados, a mãe Catirina e o pai Francisco fugiram temendo o castigo por sua ação. Já o dono do boi procurou então por feiticeiros e curandeiros para tentar restituir a vida do animal morto.

Muitos anos depois, Catirina e pai Francisco voltaram para as terras de seu senhor, com seu filho já grande. Então eles três souberam que mesmo muito tempo depois o senhor ainda chorava pela morte daquele boi. Catirina e pai Francisco contaram ao seu filho o quanto estavam arrependidos pelo que tinham feito. A criança então pediu para que os pais o levassem de volta à fazenda para falar com o antigo amo. Eles então foram à fazenda, mesmo com muito medo de serem punidos pelo que fizeram. A criança, ao chegar perto da carcaça do boi, pegou o rabo, espiou dentro da carcaça e deu três sopros muito fortes. Foi quando o boi renasceu e saiu correndo pelo pasto chifrando graciosamente a todos. O senhor, ao ver seu boi ainda mais bonito, prontamente perdoou pai Francisco e Catirina. Desde então, a lenda desse encantamento é celebrada por todo o Brasil, na festa do boi chamada de bumba-meu-boi.

Essa história folclórica do bumba-meu-boi é uma importante manifestação da cultura popular brasileira até os dias de hoje. Ela encontra no festival folclórico de Parintis no estado do Amazonas o auge de sua manifestação e preservação, mas também está presente em vários estados brasileiros. Arhur Ramos (1935/2007) fez uma análise psicanalítica desse folclore da cultura popular brasileira extraindo dela o que seria chamado por Freud de totemismo. Esse seria um tipo arcaico de religião presente em muitos povos originários em que um animal é eleito como totem. Esse animal é então superinvestido afetivamente tornando-se sagrado e protegido por determinada comunidade. Esse animal é tão supervalorizado que passa a ser protegido por seu povo como uma santidade. Freud (1913/1996) nos dirá que esse superinvestimento em um determinado totem é a representação mais arcaica da religião, e ainda está presente com seus resquícios em muitas religiões politeístas como o catolicismo. Freud (1913/1996) nos diz que o totemismo traz em sua lógica inconsciente um acontecimento importante para o surgimento da civilização: a culpa e o pacto social.

Segundo Freud (1913/1996) a civilização é marcada por um pacto edípico e um pacto social cuja matriz psíquica é representada pela culpa diante da ambivalência inicialmente direcionada principalmente à figura dos pais. Assim, segundo Freud (1921/1996), a criança teria, nos primeiros momentos de sua vida, por volta dos cinco anos, uma relação de amor e ódio fortemente vinculada à figura de seus pais, e mais especificamente ao pai. Essa relação de amor e ódio é tão profunda que passa a ser marcada por moções inconscientes devido à sua impossibilidade de satisfação, diante do tabu do incesto e do medo da castração. Assim, a criança por volta dos cinco anos de idade é levada a desinvestir de seus pais como objetos de amor, e aquela antiga ambivalência cede lugar à culpa, ao pacto social e ao surgimento da lei tanto intrapsíquica quanto social. Para Freud (1921/1996) é justamente esse abandono da figura dos pais como objeto exclusivo de amor que leva a criança do pacto edípico ao pacto social na consideração das leis da cultura. O desejo incondicional de um cede lugar para o compartilhamento de desejos e renúncias de todos na sociedade e na cultura. Aquela ambivalência cede lugar para a culpa, que seria responsável pela manutenção do pacto social, e, inclusive, responsável pelo surgimento de uma instância psíquica denominada de superego, essa seria a representação da moral e da ética em nosso psiquismo.

Em suas explicações Freud (1913/1996) chega a criar uma cena mítica para o surgimento da civilização. Essa cena foi extraída dos estudos de

Charles Darwin sobre uma possível horda primeva que seria a responsável pelo surgimento da civilização. Segundo Freud (1913/1996), nessa horda primitiva existiria um pai totêmico que seria superinvestido tal qual um objeto sagrado. Esse pai seria um tirano, e por isso teria a possibilidade de satisfação incondicional de seus desejos. Um dia, movidos pela inveja e pelo ódio, os filhos se reúnem, matam esse pai e o devoram no que seria um banquete totêmico. Mas devido à ambivalência desses filhos, o ódio dá lugar ao amor, os filhos sentem culpa pela morte do pai, e passam a sofrer do medo de que essa cena se reproduza entre eles. Essa culpa, então, cede lugar para a fraternidade e a comunhão entre os irmãos numa cultura em que a lei de um tirano incontrolável é substituída pela lei comunitária em que ninguém está acima desta.

É justamente desse momento da morte do pai, da culpa, e do pacto social que Arthur Ramos tira sua análise do bumba-meu-boi. Segundo Ramos (1935/2007, p. 101):

> Mas é no auto do bumba-meu-boi que os complexos totêmicos se mostram com mais evidência. Já mostramos que, nesse festejo, a morte do boi (pai) é o *leitmov*. Os filhos matam o pai. Sentimento de culpa consequente. Fases de lutas e confusões, entrevistas nos autos, nas cenas em que os partidos se degladiam. O filho herói assume a responsabilidade da culpa. Esta fase heroica exprime todo o ciclo, entremostrado, nos autos populares, nas lutas do matriarcado. É o clico das mães (Rainha ginga, Sereia, Lira...). Mas essa fase tem que acabar (morte da Lira) para ceder lugar ao pai assassinado que volta redimido (ressureição do boi).
>
> O autor do bumba-meu-boi, como volta do recalcado, e função do *princípio da repetição*, exprime a mesma coisa que as festas cíclicas de sacrifício. O negro africano guardou no inconsciente estas festas rituais, e, pelo princípio da repetição, expandiu-se periodicamente nos festejos populares que encontrou no novo habitat.

Continuando:

> Após essa comunhão simbólica (velho tema de toda as religiões!) todos se redimem. Desaparece o sentimento de culpa. Cessam o luto e a dor. O pai está redimido. E o totem todo poderoso desce sobre o grupo, envolvendo-se num amplexo de proteção. E ninguém mais do que o negro oprimido e explorado tinha necessidade de seus clãs e dos seus totens

> protetores. Ranchos, clubes, confrarias, mocambos e quilombos... temos aqui toda uma sociologia do negro brasileiro (RAMOS, 1935/2007, p. 102).

Esse conteúdo latente e inconsciente que Ramos (1935/2007) interpreta como conteúdo responsável pela lógica afetiva presente no bumba-meu-boi não é exclusivo dessa história do folclore brasileiro. Os mitos greco-romanos possuem uma história similar em que Zeus mata seu pai Cronos, um deus tirano que comia todos os seus filhos. Zeus se reúne com seus demais irmãos e juntos matam seu pai. Depois desse assassinato eles fundam o olimpo onde a tirania é substituída pelo governo dos iguais. Portanto, assim como Cronos era um pai totêmico tirânico em seu desejo, o senhor dono do boi também o era porque era o único autorizado a usufruir dos bois e dos demais bens.

Se Zeus e seus irmãos estavam escravizados diante do desejo unívoco de seu pai Cronos, a mãe Catirina e o pai Francisco também o estavam diante do seu senhor. A transgressão marcada pela ação da morte do boi no bumba-meu-boi pode ser comparada à morte do pai Cronos por seus filhos. Em ambas as mitologias a culpa é o elemento essencial para a restauração da normalidade fraterna. Portanto, Ramos de fato fez um trabalho muito importante ao demonstrar que os mitos, lendas e contos do folclore brasileiro não eram meramente a expressão de uma cultura exótica e antiquada. Mas ela tinha, como qualquer lenda, de qualquer povo ao redor do mundo, os mesmos elementos inconscientes. O que mudava eram os personagens e suas roupagens.

Mas nossa crítica a Arthur Ramos desvela que esse autor não teve a oportunidade histórica de utilizar os conhecimentos sobre a colonialidade para denunciar violência coloniais. Isso acontece porque mesmo utilizando a psicanálise para combater o higienismo, para demonstrar que os mitos brasileiros estavam em pé de igualdade quando correlacionados a outros mitos pelo mundo, isso não teve força de tirar os mitos, o folclore e a cultura popular brasileira do lugar de arcaico. Assim a cultura popular brasileira continuava sob o estereótipo de cultura arcaica porque possui mitos que representam esse atraso. Mas de onde vem essa visão?

Segundo os autores da diáspora negra, principalmente Frantz Fanon (2020), esse acontecimento de colocar as culturas dos povos periféricos num lugar de inferioridade e atraso é uma maquinaria da lógica da colonialidade. Assim, a partir do século XV – o século das colonizações –, com as grandes navegações e os primeiros saltos do liberalismo econômico, criou-se o mito das raças e povos superiores. Essas raças e povos superiores seriam supostamente os representantes do projeto civilizatório cujo objetivo era colonizar, disciplinar, civilizar os povos inferiores ou atrasados. Assim nasce, segundo Walter Quijano (2005), o monstro da colonialidade. Esse a partir das noções de patriarcado e raça visa desprezar e domesticar a sabedoria, a sexualidade, a autoridade, dos povos no suposto novo mundo. Essa lógica colonial continuou ativa nos tempos do neocolonialismo no século XX com as guerras do Vietnã, as guerras na África, dentre outras. Sempre com a falsa justificativa de que o colonizador/dominador está invadindo determinado território e cultura com o objetivo de levar o desenvolvimento civilizatório.

Segundo Ashys Nandy (2015) esse monstro da colonialidade contou com uma ferramenta deveras útil em seu processo de dominação: a colonização da infância. Assim desde os tempos do nascimento da modernidade – ficando mais evidente entre os iluministas – a noção de infância foi utilizada para corroborar a dominação dos povos do terceiro mundo. O colonizador seria a adultecência da civilização que estaria no dever de direcionar e tutelar as outras culturas do mundo que seriam atrasadas, não civilizadas e infantis.

Mas seria possível a partir de um referencial descolonial e de novas abordagens dentro da psicanálise encontrar novas leituras e saídas para legitimar e não desautorizar os mitos brasileiros?

O que bumba-meu-boi nos traz e que não está presente no mito da morte de Cronos por Zeus é a presença de uma mulher grávida e seu bebê, e uma criança, como protagonistas desse pacto edípico e pacto social. No mito greco-romano a presença unilateral dos homens (Zeus e seus irmãos) adultos é flagrante. Portanto, no mito de Cronos e Zeus, a ausência das figuras femininas e de crianças deveria ser algo a nos saltar aos olhos. Por outro lado, na história do bumba-meu-boi é notória a presença das mulheres e das crianças, seja a criança-bebê em seu útero, ou a criança que faz renascer o boi. Obviamente essa preocupação sobre o lugar das crianças no pacto edípico e social era algo que estava longe das problematizações sociais e científicas nos tempos de Freud. Mas essa ausência de pertencimento das crianças nos mitos sobre o pacto edípico e o pacto social pode ser a expressão da colonialidade da infância. Portanto, cabe-nos perguntar: diante de um pensamento descolonial, qual o lugar das crianças e bebês no pacto social, como agentes de colaboração na manutenção da civilização? Para responder a essa pergunta, lançaremos mão de outros personagens da mitologia brasileira, juntamente à psicanálise de Donald Winnicott.

4. Winnicott e o paradoxo dos Ibejis (Erês)

No dia 26 de setembro é comemorado no Brasil o dia de São Cosme e São Damião. Esse dia é marcado por uma expressiva manifestação dos devotos dessa mitologia católica cujos santos são representados por dois irmãos gêmeos, geralmente retratados como crianças. Já no dia 27 de setembro essa comemoração continua, mas agora reforçada pelos participantes das religiões afro-brasileiras que encontram em Cosme e Damião o sincretismo religioso dos Ibejis ou Erês, que também são entidades representadas por duas crianças no candomblé.

Principalmente no Rio de Janeiro o dia de São Cosme e Damião ou dos Ibejis é representado como um paradoxal acontecimento. De um lado boa parte das crianças continua a ir para a escola, enquanto uma outra parte das crianças falta à escola para ficar em casa e aproveitar o dia dedicado a essas santidades. Na maior parte dos casos, em alguns bairros do Rio de Janeiro, essa festança das crianças acontece com elas brincando pelas ruas e pedindo doces. Vemos aqui claramente a manifestação da cultura popular brasileira em que os mitos, contos, religiões e danças, mais do que representar ideias imateriais apartadas da realidade, influenciam diretamente na vida dos sujeitos. Seja diretamente em sua religiosidade, ou nisso que se tornou no Rio de Janeiro um verdadeiro feriado não oficial. O que nos chama a atenção é como a mitologia de Cosme e Damião ou dos Ibejis acaba por trazer à tona duas naturezas diferentes que operam sobre a infância. De um lado uma infância presa à lógica da disciplina cuja voz ou subjetividade quase não é levada em consideração, e por outro lado uma infância criativa e participativa. O que pensar diante desse acontecimento tendo em vista nossas discussões sobre o folclore e a descolonização da infância?

Esse espanto que podemos vivenciar nas escolas, bairros e ruas do Rio de Janeiro em meados se setembro nos fez pensar em um legítimo paradoxo da infância brasileira. Na escola as crianças e adolescentes dificilmente são ouvidos em suas demandas e desejos. Por exemplo, quando as crianças e adolescentes conquistam algum tipo de cargo representativo dentro da escola, eles geralmente encontram uma certa dificuldade para exercê-lo com autonomia, porque acabam cumprindo um roteiro delineado pela direção ao invés de exercerem seus próprios questionamentos. Como seria possível, diante de tanta rigidez e anulação da subjetividade das crianças e adolescentes, existir ao mesmo tempo um feriado não oficial no qual as crianças podiam faltar para brincar e exercer a liberdade nas ruas e nas suas casas? O que esses mitos que são o motor desse acontecimento podem nos ensinar?

Então nos demos conta de que muitas infâncias no interior do Brasil também são marcadas por esse mesmo paradoxo. De um lado tem-se a vida escolar durante meio período do dia. Nela há de se ir à escola uniformizado, como o cabelo impecável de brilhantina e não se pode correr no pátio da escola. Ali ser criança se reduz a entrar na esteira da pedagogia em que elas nada sabem, perdendo sua liberdade de expressão e apenas assimilando os bens culturais da humanidade sem espaço para questionamentos. Mas por outro lado existe uma parte do dia na qual elas estão livres para exercerem a liberdade e a criatividade. Geralmente na parte da manhã as crianças brincam de futebol no campinho, onde as traves do jogo são feitas pelas próprias crianças. É possível ver casas nas árvores construídas explicitamente escondidas do olhar dos adultos. Muitas vezes as crianças surfam pela internet numa velocidade, interatividade e flexibilidade proibidas em outros espaços. No outro dia encara-se novamente a escola, onde se sofre novamente da anulação de ser criança e nada saber. E ainda no fim do dia, depois da escola, pode se presenciar mais uma rodada de bets, jogos virtuais, pique-esconde e outras brincadeiras em que as crianças são as donas da rua, da web e de suas vidas.

Na escola existem lugares restritos onde só é permitida a entrada de adultos, enquanto na cidade lá fora – para além do período escolar – existe um universo para ser desbravado, em que as crianças andam pelos trilhos dos trens, pelos rios e cachoeiras. Esse paradoxo, entre uma vida cheia de liberdade na rua ou na internet que presenciamos no Rio de Janeiro, contrastando com a anulação de suas vozes e olhares na escola, provavelmente está presente em muitas infâncias também em Minas Gerais, no Paraná, no Ceará, no Pernambuco, no Rio Grande do Sul etc. Até mesmo uma psicanalista francesa, chamada Françoise Dolto, do outro lado do Atlântico, já havia notado que existe algo de diferente na infância brasileira, com sua possibilidade de respirar fora das instituições normativas. Para ela, a obra literária brasileira *Meu pé de laranja lima* é um exemplo na literatura universal de uma infância singular, pois expressa uma possibilidade de subjetivação sem parâmetros na história (DOLTO, 2005).

4.1 A criança como criatura ou criação?

É muito comum lembrarmos que a palavra infante significa "aquele(a) que não fala". Mais comum ainda é lembramos que ela também deriva de infantaria, que era aquele lugar destinado às crianças e aos pequenos jovens na linha de frente dos blocos de guerra. Aprofundando a análise etimológica, podemos pegar outro caminho e analisar a palavra criança por outro viés. Descobriremos que essa palavra contém segredos preciosos que o termo infante encobre, principalmente porque a palavra criança nos revelará diferentes destinos na interação entre o mundo dos adultos e o mundo das crianças diante das amarras da colonização da infância.

Primeiro podemos fazer uma problematização sobre a denominação daquele que não fala: o infante não fala de acordo com quem? De fato muitos dirão que é preciso esperar as crianças dominarem a linguagem para começarmos a nos comunicar com esses recém chegados no mundo, o que ocorre por volta dos dois ou três anos de idade. Por outro lado, é muito comum ver mães conversando longamente com seus bebezinhos e mostrando que existe uma comunicação entre eles. Esse é o famoso "mamanhês" presente na comunicação singular entre a mãe e seu bebê. E há de fato grandes pesquisadores que dizem existir um impulso criativo e comunicativo presente nos bebês desde seu nascimento (WINNICOTT, 1987/2012). Os bebês podem não falar, mas também não resta dúvida de que eles são capazes de se comunicar! Então quando dizemos que o bebê ou a criança é um infante, implicitamente estamos escolhendo um lado epistemológico, cultural e científico que desautorizou o lugar de fala do bebê, da criança e do olhar da mãe sobre a criança. Quando negamos tanto o lugar de fala do bebê quanto o olhar da mãe, estamos tomando o partido do patriarcalismo e de uma ciência positivista que desautorizou a potência da criança, do infantil, do feminino, da intuição e dos sentimentos (ARMONY, 2013).

Propagando essa desautorização nos posicionamos apoiados num mundo adultocêntrico, que olha para as crianças como uma massa de manobra para seus projetos de futuros e não como colaboradores na partilha do mundo (CASTRO, 2013). Então, ao invés de afirmarmos que crianças não falam, poderíamos começar a nos questionar se os adultos as escutam ou não (FERENCZI, 1929/2011). Será que não deveríamos pensar na relação de facilitação da comunicação ou na confusão de línguas entre elas e os adultos? Ou qual o lugar que as crianças ocupam no interesse do mundo adulto: que pode oscilar entre um lugar de desautorização ou reconhecimento? E ainda mais: por que estamos acostumados a ver as crianças como objeto de disciplinamento e não como sujeitos cooperativos no mundo? Vamos perceber que com esses questionamentos, aos poucos, passamos de uma certeza da nulidade do mundo das crianças para a complexidade de sua interação com o mundo dos adultos.

No dicionário a palavra criança apresenta duas definições. A primeira diz que é um "menino ou menina no período da infância". Já a segunda definição diz que é aquela que é uma "criação, criatura". De fato essa segunda definição que versa sobre o "criar" parece mais profunda porque ela vem do radical latino *creare,* que significa "criar, construir, erguer". É interessante pensarmos o quanto a palavra *creare* é ambígua e paradoxal por si só. Paradoxo é aquilo que contém uma contradição lógica e ambígua. É aquilo que permite uma interpretação contrária sobre a mesma coisa. Portanto, como é possível que a raiz da palavra criança comporte duas coisas tão distintas? O que é criatura e o que é criação?

Creare pode indicar um "criar ou construir" livremente da mesma forma como se brinca, se joga, ou se produz uma obra de arte. Mas também pode denotar um "criar ou construir" como se faz com uma criatura confinada num celeiro, como uma plantinha regada apenas para não morrer de inanição, ou no ritmo alienante de uma fábrica em que o produto é mais importante que o processo. A raiz etimológica da palavra criança pode nos remeter a esses dois destinos: à cooperação criativa ou à submissão normativa. De um lado temos o criar para a vida, para a diversidade e a diferença, e noutro criar para a submissão, a padronização e a apatia.

O paradoxo das palavras foi analisado por Sigmund Freud (FREUD, 1910/1996c). Segundo o autor, as palavras de fato podem conter um sentido antitético e paradoxal. Principalmente as palavras primitivas. Por exemplo, a palavra grega *poison* pode denominar tanto veneno quanto remédio. Freud sustenta a ideia de que nas camadas mais arcaicas e escondidas da mente – no inconsciente – não existe lógica e o que impera são as contradições e o paradoxo (FREUD, 1900/1996). Essa natureza do inconsciente não se importa com a contradição e provavelmente é a raiz da qual emanam as palavras primitivas. Acreditamos que a palavra latina *creare* representa essa antinomia porque pode ser tanto vida quanto morte, representa tanto cuidado quanto manuseio mecânico, significa tanto criar quanto controlar, tanto o handing quanto o holding. No centro desse paradoxo está a criança. Ela pode ser tratada tanto como uma criação quanto como uma criatura. Isso acontece porque a palavra também traz em sua estrutura mais do que uma representação suportando também um tratamento, interação e investimento afetivo.

Para Freud (1910/1996c) a palavra também é como um hieróglifo que traz em seu desenho uma coisa-imagem e um sentido para essa imagem. Esse fato é evidente em crianças em período de alfabetização. Perguntamos para elas quais palavras significam vaca e formiguinha, elas dizem que vaca = formiguinha e formiguinha = vaca. Elas incorrem em um erro segundo quem ensina as regras gramaticais, mas num acerto lógico, porque se a vaca é um animal grande ela deveria ter uma palavra grande para denominá-la; por outro lado se a formiguinha é pequena ela deve ter uma palavrinha pequeninha para lhe nomear. Então sabemos que a palavra tem um sentido, uma aura, que atribuímos a ela. Para Freud as palavras escondem importantes forças anímicas porque elas são carregadas de dimensões afetivas dos sujeitos que as produzem (FREUD, 1905/1996c).

Freud (1910/1996c) aponta que palavra também é coisa, pois é uma "coisa sonora" que pode imitar os fenômenos de sua origem. As onomatopeias nos exemplificam bem isso: puft, paft, zum, bee, bem-te-vi; são palavras que representam o sentido fonético de seu som. Nesses casos, as palavras são as coisas em si. Freud (1910/1996c) diz isso importantemente: algumas palavras podem representar o ato de seu surgimento. Toda classe de palavras surge depois do ato, que por sua vez, transformou-se na abstração da palavra. A palavra sêmen, por exemplo, quer dizer semente. Então não estamos mentindo completamente quando dizemos às crianças que alguém colocou uma sementinha em outro alguém no que resultou seu nascimento. Ou seja, a palavra também pode representar o ato, a própria coisa coisada.

As palavras, as coisas e as crianças, como tudo ao nosso redor, podem ser criatura ou criação em nossa relação com elas. Qualquer objeto pode ser tanto aprisionado na concretude de nossas relações com ele quanto ser liberado pela nossa força criativa. Essa diferença na nossa interação com o mundo encontra uma importante raiz psíquica nas chamadas relações objetais: a *relação de objeto* ou *uso de objeto* (WINNICOTT; 1971a). Numa *relação de objeto* o que interessa é o objeto em si, em sua invariabilidade, em que um copo é utilizado para beber água, de forma concreta e funcional. Mas num *uso de objeto*, o que importa não é tanto o objeto, mas o que fazemos com ele; o mesmo copo pode se tornar um telefone, um barco, uma luneta, devido à nossa capacidade de transcender a concretude das coisas e chegar à plasticidade e à liberdade criativa com elas. Para Winnicott (1971) a relação de objeto e o uso de objeto são manifestações psíquicas que constituem e são constituídas pelo espaço transicional e diretamente relacionado à criatividade e à produção da cultura.

O paradoxo da palavra criança remete, portanto, a duas formas de nos relacionarmos com elas. Podemos lidar, explicar e teorizar sobre as crianças enquanto criatura ou como criação. Se ela for vista como "coisa coisada" na concretude das coisas será manipulada como um gado, uma criatura. Mas se a criança for vista sob um olhar mais terno e plástico ela será encarada metaforicamente como criação e criadora. O nó dessa encruzilhada se encontra no núcleo psíquico de nossa capacidade para usar ou aprisionar os objetos.

Criança vem de criar. A palavra criar é verbo transitivo, vincula-se a uma ação ou jogo, por isso transita e é livre. Em sua etimologia criar quer dizer "dar existência", "amamentar", "criar" ou "produzir". Já a palavra criatura é um substantivo, um objeto do sujeito enquanto "todo ser criado" ou "aquele que devota sua criação a outro". Essa ambiguidade na definição da criança nos lança para algo mais profundo ainda, o fato de que a criança pode ser encarada como um sujeito-criador ou pode ser entendida como um objeto-manipulado. Como lidar com esse paradoxo? A criança é para ser moldada e subordinada aos interesses das gerações anteriores na família, na cultura e na ciência? Ou ser vista como um companheiro/participante em pé de igualdade com as gerações mais antigas? O desfecho desse paradoxo pode se apresentar na crítica da interação entre o mundo adulto e o mundo das crianças num núcleo psíquico chamado de narcisismo, conceito que representa a formação da criança diante do Outro.

4.2 A função da mãe e da ciência como espelho

Na psicanálise o conceito de narcisismo articula a constituição do sujeito em relação ao outro e à cultura. Ele é formulado tendo quatro pilares fundamentais. Primeiro enquanto uma nova teoria das pulsões chamada de libido egoica e libido objetal. Também como um conceito para se entender a vida afetiva com os tipos de escolha amorosa, a narcísica e a por apoio. Outra compreensão fala sobre as psicopatologias chamadas de parafrenias. E por último, o mais importante para o nosso estudo, como elemento constituinte do desenvolvimento do eu. Em resumo, o narcisismo é um fenômeno presente no desenvolvimento e na constituição do eu (FREUD, 1914/1996). O narcisismo se configura numa ação psíquica em que o outro se apresenta para o bebê orientando seu caminho para as relações com o mundo. Esse acontecimento apresenta-se principalmente na relação dos pais com o bebê e depois se estende para toda a vida (FREUD, 1914/1996). Assim, entende-se que nos construímos numa relação com o outro que se apresenta como ponte para nossa constituição.

A metáfora do espelho é a mais comumente utilizada para entender essa faceta do narcisismo. Porque enquanto todos os animais possuem em seu código genético a trilha para os impulsionar em sua constituição e interação com o mundo, o humano necessita do outro sujeito para iniciar e enfrentar essa jornada. O cachorrinho nasce cachorro, cresce cachorro e morre cachorro independentemente da presença de outro cachorro porque ele está preso na repetição imediata do seu ser, na invariabilidade de suas pulsões. Já o humano precisa dos cuidados e orientações de outro humano para ascender à condição de sujeito cultural, por isso está sujeitado a essa necessidade do vínculo amoroso para se constituir, tal qual o mito de narciso que demonstra a importância do amor pelo reflexo. Para Freud (1914/1996) a mola de funcionamento do narcisismo reside na passagem de um narcisismo primário para um narcisismo secundário, que configura-se na passagem de um momento puramente instintivo, de caos e *anobjetal* rumo ao encontro com o outro e novos destinos para a pulsão.

O psicanalista Donald Winnicott também deu suas contribuições à noção de narcisismo, desenvolvendo um novo sentido para o famoso "espelho narcísico" de nossa constituição humana. Winnicott entende o estado do narcisismo primário não como um momento anticivilizatório e anobjetal do desenvolvimento, mas o justo oposto (PLASTINO, 2014). O narcisismo primário estaria contido numa dualidade entre o bebê e a mãe em que eles seriam um só (WINNICOTT, 1971c). Segundo ele, aos poucos o sujeito vai abandonando esse estado de fusão com a mãe para alcançar uma independência relativa, em que o eu e o não eu teriam uma separação boa o suficiente (WINNICOTT, 1963/1989). Essa passagem ocorre com a ajuda dos cuidadores que propiciam as condições fundamentais para a manutenção da realidade e o aparecimento do eu. Assim o sujeito se separa de seu reflexo espelhado pelo outro para encontrar o próprio eu.

Winnicott (1990) propõe que o narcisismo deve ser pensado numa dualidade-complementariedade entre o bebê e a mãe. O autor divide a experiência narcísica do bebê com o cuidador em dois tipos de relação de objeto: a mãe ambiente e a mãe objeto. Isso equivale a dizer que para Winnicott a experiência narcísica não é um acontecimento unidimensional, mas bidimensional, pois envolve a manifestações de duas formas de relação entre o cuidador e o bebê naquela experiência narcísica que constitui a criança. De um lado a *mãe objeto* seria responsável pela satisfação das experiências concretas do bebê e diretamente vinculada àquela concretude da *relação de objeto*. Seria aquela mãe que troca as fraldas, dá o seio, dá banho etc. Ela executa as tarefas chamadas por Winnicott de *handing*, por isso são operacionais, do manuseio, e estariam em contato com as relações de objeto da criança-criatura lidando como se ela fosse um objeto a ser manuseado (WINNICOTT, 1971d). Paradoxalmente, existe a experiência narcísica de uma *mãe ambiente*. Esta por sua vez é responsável pelos cuidados ternos para com o bebê chamados de *holding,* como o embalo, os carinhos, o amparo, a proteção, a sustentação, a empatia e a capacidade de se colocar no lugar dele etc. Essa *mãe ambiente* cuida do bebê como aquela criança-sujeito no *uso de objeto* é a grande responsável pela manutenção da vontade de viver, da personificação, da apresentação do mundo pela criança. A ausência ou empobrecimento dessa mãe ambiente é responsável pela falência daquele projeto de ser do eu que encontra dificuldade para se expressar e encontrar o seu caminho (1989/1963b). Porque somos mais do que criaturas-objeto como os animais, somos sujeitos criadores porque somos culturais. Na clínica psicanalítica, os pacientes graves com sintomas de despersonificação, ausência de sentido na vida e angústia dilaceradora de insegurança sofreram de falhas nesse cuidado possuindo apenas as memórias mecânicas, numa ausência do espelho terno. Portanto, tanto aquela criança-sujeito quanto a criança objeto nascem de duas diferentes formas de funcionamento no trato com a criança, apresentando-se como desfechos que podem ora potencializar a vida humana, ora fragilizá-la.

Então pode-se observar que existe em Winnicott uma diferença importante em relação à natureza humana e ao pano de fundo sobre o desenrolar da constituição da criança. Winnicott não acredita que a natureza humana seja apenas aquela em que o homem é lobo do homem ou uma massinha de modelar a ser esculpida pela disciplina. Ele estica a corda da contradição na natureza humana o máximo possível sustentando o paradoxo de que somos ternos, acolhedores e ao mesmo tempo anticivilizatórios e agressivos. Winnicott entende que o pacto social e a ascensão do sujeito em sua constituição não se fazem pela culpa, mas pelo *concernimento* (COSTA, 2007). Isso exige que mudemos o prisma sobre a constituição humana, de uma epistemologia da guerra para uma epistemologia da cooperação, sem negar nenhuma delas, mas valorizando a última. Essa mudança de prisma epistemológico possibilita a ascensão de uma série de elementos e subjetividades que estavam fora da ótica colonial (MALDONATO-TORREZ, 2007). Dentre essas subjetividades podemos inserir as crianças na relação entre o mundo dos adulto e o mundo da infância. Durante muito tempo a infância sofreu de uma desautorização traumática em que suas potencialidades eram negadas aos olhos do monstro da colonialidade. A finalidade dessa desautorização era utilizar a criança como uma metáfora para os projetos civilizatório da criança rumo ao adulto, o atrasado para o avançado, do selvagem para a civilização.

O outro-como-espelho para Winnicott não é um estado, é uma função. Isso porque um espelho é uma coisa fria e mecânica, isento de sentimentos e sujeitado apenas às leis da física e da ótica. Estado bem apontado por Jacques Lacan em sua paralaxe e seu estágio do espelho (LACAN, 2009). Mas ao contrário do espelho neutro, a mãe gasta uma energia imensa para se colocar nessa posição de *concernimento*. O cuidador precisa exercitar suas identificações e a capacidade de empatia para sintonizar-se com o bebê até o ponto de conseguir lhe servir de espelho (2012/1987). Por isso o cuidador precisa se ver no bebê. Não é apenas o bebê que se vê no espelho da mãe. Mas a mamãe também precisa se enxergar no espelho bebê. Winnicott chama isso de identificações cruzadas (WINNICOTT, 1971d).

Podemos entender que a ciência também funciona como um espelho porque nos constituímos diante desse grande campo simbólico que nos ensina nossas profissões, nos oferece arcabouço bibliográfico para pesquisa, nos ensina a descobrir e experimentar novos mundos. Surpreendente é percebermos como essa ciência-como-espelho também pode fazer o papel de uma *mãe ambiente* ou de uma *mãe objeto* contribuindo para colocar os participantes da cultura no caminho de fortalecer ou fragilizar seus sentidos de vida. Portanto, essa ciência como espelho também acaba cumprindo uma função que vai além do ensino formal das disciplinas científicas atuando na importante função de refletir sobre os distanciamentos e aproximações das diversas culturas, porque a ciência também ajuda a construir a identidade de cada povo. A ciência, assim como a mãe, reflete os desejos e características de uma determinada cultura ao mesmo tempo que é criada por ela.

Assim aconteceu com as diversas escolas do iluminismo, por exemplo, em que o intuito de se pensar a democracia e a liberdade era o mesmo em todo o mundo. Mas, cada país utilizando o espelho de sua cultura e subjetividade, criaram-se diferentes formas de conceber o iluminismo francês, alemão, italiano. Isso também acontece com o futebol, em que a vontade de fazer o gol diante de determinadas regras é a mesma para todos. Mas também percebemos claramente a diferença do jeito criativo da ginga brasileira de se jogar futebol, um jeito retranqueiro do futebol italiano e a maneira comunista da seleção de futebol apelidada de Carrossel Holandês. Cada ciência e cada arte reflete a singularidade de seu povo, ao mesmo tempo que ela é recriada por eles ajudando na perpetuação de seus tesouros simbólicos.

Mas acontece que a ciência e a cultura não são campos simbólicos neutros. Elas podem também ficar à mercê da perpetuação de ideologias e mecanismos de dominação. Quando isso acontece aquela ciência-como-espelho parece ter se quebrado, tornando-se um espelho fosco, ou não representar as características de quem busca nele seu reflexo. Isso acontece com a ciência a serviço da colonialidade quando ela traz nas suas entranhas uma lógica de dominação que busca assegurar o domínio de um povo ou cultura sobre o outro (MALDONATO-TORREZ, 2007). Nisso a ciência apresenta-se como reflexo positivista, branco, europeu e patriarcalista que não reflete as necessidades e vontades de todos que se prostram diante dela. O resultado disso, como nos demonstraram Frantz Fanon (2008) e E. B. Dubois (1994/1904), é uma quebra na personalidade dos colonizados que precisam apagar sua existência e buscar se adequar aos moldes dos colonizadores. Esse é um tipo de cisão psíquica profundamente estudado por Sandor Ferenczi (1933/2011) diante do trauma da desautorização. A colonialidade exerce a violência simbólica de negar a subjetividade e a singularidade epistêmica de alguns povos, porque não busca a empatia e as identificações cruzadas produzindo traumas, cisões etc. Por isso, o que ela objetiva é sim o controle, o manuseio e a submissão do outro (ESTERNAMM, 2014).

O resultado do ponto de vista dos colonizados é o sentido de insegurança, de não pertencimento no mundo, de baixa autoestima, em que as Universidades, pensadores e culturas estrangeiros são sempre melhores enquanto seus próprios tesouros simbólicos são desprezados. Sandor Ferenczi (1933/2011) chama isso de trauma da desautorização. Esse trauma é o resultado de um momento em que as diferenças etárias, de raça, de gênero ou culturais são utilizadas não para a construção da cooperação, da proteção e do ensino; mas para a anulação e dominação de uns sobre os outros. O trauma da desautorização é resultado da quebra do espelho da mutualidade e prol da dominação. Nesse jogo perverso, o dominador denega a subjetividade do outro que se torna alguém cindido e desconfiado do que pensa e sente. Na história das colonizações e no fenômeno da colonialidade podemos perceber claramente como os povos originários ou colonizados se viram diante do trauma de ter que abandonar o que pensam e o que sentem para se tornarem o outro dominador (FANON, 2020).

Podemos agora voltar a falar da criança e do paradoxo existente em sua formação. A criança tanto na raiz etiológica quanto na economia psíquica da formação de seu eu está sempre diante de duas possibilidades: ou tornar-se criatura ou criação; encontrar a cooperação ou a submissão.

No caso de entendermos a criança como criatura leva-se em consideração uma relação narcísica com ela pautada no controle, na posse, no cerceamento da espontaneidade. A criança e a infância-criatura tornam-se palco de uma zona de controle e dominação em que ela é utilizada como campo de batalha para se alcançar os projetos sociais e econômicos da família, do estado, da escola ou da nação (NANDY, 2015). Ela é aprisionada no desejo da escola, dos pais ou do país como se estivesse diante de um espelho frio que apontasse apenas uma direção. É uma criatura confinada e adestrada. O resultado é um falso self da criança, do estado ou nação.

Podemos deduzir que o enfoque dado à criança-criatura em detrimento da criança-criação foi uma escolha ideologicamente orientada porque encontrava-se ancorada nos objetivos da colonialidade da ciência. O intuito dessa ciência foi a dominação da Europa sobre o restante do mundo por meio da ideologia das diferenças que criou uma hierarquia civilizatória (MIGNOLO, 2003). A infância-criança vista como anticivilizatória, ingênua, folha em branco, amadora, foi alvo de categorias utilizadas para justificar sua exploração pelo mundo adulto porque essa relação ajudou a consolidar o projeto de dominação do pensamento colonialista. A criança-criatura que precisava ser disciplinada e orientada pelo mundo adulto-civilizado foi uma ideologia que caiu como uma luva para os países capitalistas que se viam como futuro da humanidade e por isso tinham o direito de capitanear as culturas que não estavam numa suposta maioridade civilizatória. Por isso, descolonizar a infância é colaborar para a descolonização das culturas oprimidas e o restabelecimento de sua capacidade epistemológica (NANDY, 2015).

Mas onde se encontrariam os restos culturais e epistêmicos daquela criança-criação, daquela criança-sujeito, soterrados pela colonialidade?

4.3 A mitologia dos gêmeos Ibegis e a valorização da criança criadora

O fato de as crianças possuírem um feriado não oficial no dia de São Cosme e São Damião pode ser visto como uma expressão *in loco* do paradoxo da infância brasileira. Pois como podem existir duas realidades tão diferentes, de um lado o alto controle da escola sobre as crianças e de outro um ponto-cego representado por um dia de festejo em que elas podem matar aula para sair à rua para brincar? Para além de ser um mero feriado não oficial religioso, a mitologia de Cosme e Damião pode nos remeter a algum tipo de conteúdo manifesto representado por um conteúdo latente e inconsciente ao paradoxo da criança como criatura ou criação.

A análise dos mitos é uma disciplina científica que nasceu dentro da Antropologia e data de meados do século XIX. O estudo antropológico dos mitos e lendas teve como objetivo primevo entender os significados e os sentidos escondidos nos costumes e contos do povo: Folk (povo) Lore (contos). O estudo do folclore teve na antropologia quatro eixos de discussão sobre o significado dos mitos. Existe a vertente astronômica, que diz que os mitos têm sua origem na conjuntura dos astros; também podemos encontrar a vertente que busca entender os mitos em sua origem linguística; outros dizem que os mitos estão vinculados a fenômenos meteorológicos; e o último eixo, como já vimos, é a psicanálise (RAMOS, 1951). Nela os mitos são entendidos como sonhos da humanidade que contêm conteúdos inconscientes em suas histórias (FREUD, 1900), ou verdadeiros resquícios de nosso funcionamento psíquico (ABRAHAM, 1973). É justamente de acordo com a vertente psicanalítica que analisaremos o conteúdo latente em São Cosme e São Damião e os Ibegis.

A santidade de São Cosme e São Damião é festejada no dia 27 de setembro com o intuito de homenagear os dois santos gêmeos da igreja católica. Conta a liturgia que Cosme e Damião foram dois irmãos que praticavam a medicina na Asia Menor por volta do ano de 300 d.C. Os tempos em que os dois irmãos atuaram eram marcados pela perseguição aos cristãos, fato que não os desencorajava de exercer a medicina para ajudar os cristãos pobres. Os irmãos além de ajudá-los com as ferramentas da medicina também utilizavam orações fazendo da fé um instrumento de cura por meio de milagres. Os dois médicos foram perseguidos, condenados e torturados, e ao que conta a religião não sofriam por nenhum dos ferimentos provocados pelos algozes. Isso continuou até o momento em que foram decapitados. Tempos depois de sua morte, os irmãos continuavam fazendo milagres e foram canonizados.

No Brasil a santidade de São Cosme e São Damião passou por um interessante sincretismo porque eles sofreram uma antropofagia pelas religiões afrodescendentes. Então os gêmeos da igreja católica passaram a ser vistos como uma expressão das entidades do candomblé e da umbanda chamados de Ibeji ou Erês, que também são gêmeos. Eles são entidades ou mitos do panteão das religiões afro-brasileiras e ficam lado a lado de Oxum, Xangô, Ogum, Oiá, dentre tantos outros. O curioso é que os Ibejis não são adultos, eles são crianças e representam um lugar de fala delas juntamente às outras entidades.

Conta a mitologia dos Orixás que o Ibejis são filhos gêmeos de Oiá-Iansã com Oxossi, mas foram criados por Oxum (PRANDI, 2001). Oiá é a entidade conhecida como representante da natureza, das águas, mas principalmente do vento. Ela tinha como costume andar pelo mato disfarçada de carneiro. Um dia nessas andanças ela foi descoberta por Oxóssi, por ele se apaixonou e por ele foi desposada. Oiá engravidou, mas devido a uma complicação no parto decidiu se desfazer dos rebentos. Eles eram os Ibegis que foram encontrados e criados por Oxum, entidade das águas doces e primeira esposa de Oxossi. Os Ibegis são crianças gêmeas conhecidas como Orixás-crianças representando as infâncias em seu espírito livre, rebelde e brincalhão.

Os Ibejis por serem gêmeos são os representantes da dualidade. Justamente por isso têm um comportamento ambíguo e paradoxal, pois ao mesmo tempo que denotam selvageria, rebeldia e irresponsabilidade também podem representar a alegria, o *concernimento* e a inovação. Essa natureza ambígua dos gêmeos pode nos remeter à própria ambiguidade da natureza humana como um todo, mas também nos remete ao paradoxo da criança como criação ou criatura.

Essa ambiguidade paradoxal pode ser expressa em dois contos sobre eles. No primeiro conta-se que os Ibejis costumam manter o coração de sua mãe Oxum em constante desatino e inquietação porque estão sempre prestes a cometer alguma travessura. Numa dessas feitorias os gêmeos acabaram ateando fogo na casa de sua mãe, que quase ficou paralisada com o susto. No outro episódio conta-se justamente o contrário, pois sua cidade estava passando por uma seca devastadora em que morreriam muitos animais, e os homens estavam em situação de calamidade e desespero. Enquanto isso os Ibegis brincavam de cavar buracos pela cidade continuando com suas travessuras que tiravam sua mãe Oxum do sério. Até o momento em que os Ibegis encontraram um lençol d'água fazendo surgir o acontecimento que matou a sede de todos salvando a vila. Os Ibejis foram condecorados por sua ajuda.

Essas duas naturezas dos Ibejis podem ser a expressão mistificada das duas possibilidades de interpretação da palavra criança, e se desdobrar para uma intuição sobre a relação entre o mundo dos adultos e o mundo das crianças. De um lado os Ibegis são vistos como criaturas a serem domadas porque ateiam fogo na casa. São de uma natureza turbulenta com impulsos e tendências irrefreáveis. Aqui a criança é um objeto diante de um anseio de submissão e está pautada na forma de interagir com o mundo instintivamente. De outro lado os Ibejis são criadores e entendidos como sujeitos que participam ativamente da comunidade dos adultos ajudando a resolver seus problemas e fazendo da ousadia e da rebeldia um motor para a cooperação e a descoberta.

A ciência moderna a serviço da colonialidade construiu uma visão sobre a criança ideologicamente orquestrada em que ela serviu como justificativa para o controle e a submissão tanto das crianças quanto dos povos originários ou colonizados. A criança passa a ser vista como quem precisa ser controlada, educada e disciplinada pelo patriarcado. Esse lado da criança como criatura pode ser metaforizado nos Ibejis que colocam fogo na casa. Já o outro lado das crianças, em sua criatividade, ousadia e capacidade de cooperação, foi banido do índice da ciência, juntamente ao feminino, à intuição e às emoções.

Acontece que Winnicott vai desreprimir isso que fora recalcado e irá fazer do brincar o modelo para a saúde mental e o funcionamento da civilização (WINNICOTT, 1971e). Os Ibejis que salvam a vila são justamente a mistificação de um importante acontecimento psíquico em que a criança e o bebê são vistos com sujeitos cooperativos da/na comunidade. Podemos encontrar no conceito de *concernimento* e criatividade da psicanálise de Winnicott uma mola para que a capacidade de cooperação e construção da cultura pelas crianças seja resgatada e reforçada. Essa é uma faceta do ser criança que foi reprimida pela ciência moderna e pela lógica da colonialidade, mas que se manteve viva na mitologia do Orixás brasileiros e na teoria psicanalítica de Donald Winnicott. Enquanto no folclore do bumba-meu-boi a criança e a mulher grávida aparecem timidamente como sujeitos da cena de reparação do totemismo, aqui na mitologia dos Ibejis a criança aparece como um protagonista em sua capacidade de ajuda na manutenção da civilização no pacto edípico e social.

Para alcançar a profundidade dessa visão foi necessário ir além do modelo freudiano utilizado por Arthur Ramos e lançar mão do modelo winnicottiano sobre a formação da personalidade e da cultura. Nesse modelo winnicottiano a capacidade de criação e manutenção da civilização é deslocada do eixo fálico para a relação da mãe com o bebê, dos adultos com as crianças e das crianças com os adultos. Esse novo prisma nos faz vislumbrar a possibilidade de olhar a importância da relação do mundo adulto com o mundo das crianças, que vai além do entendimento sobre a formação da personalidade e do pacto social, e talvez nos ajude revelar o que antes estava ocultado: a ascensão de um novo lugar para a relação entre adultos e crianças. Talvez isso também nos ajude no projeto de uma descolonização da infância.

Talvez aquele paradoxo experienciado no feriado informal do Dia de São Cosme e São Damião represente também de uma forma disfarçada e latente a expressão da potencialidade da ética dos Ibegis que se encontra no sincretismo das religiões afro-brasileiras. Ao mesmo tempo que as crianças são controladas e disciplinadas nas escolas e nas casas, elas também encontram a capacidade de expressão de sua liberdade e participação como os Ibejis que salvam a cidade. Talvez esse paradoxo da infância brasileira contenha mais tesouros dentro do nosso DNA do que podemos imaginar.

REFERÊNCIAS

ABRAHAM, K. *Reve et Mythe*. Paris: Payot, 1973.

ALMEIDA, R. Antropologia e Folclore. *Revista brasileira de folclore*, [s. l.], ano 1, n. 1, p. 81-87, set./dez. 1961.

ALMADA, S. A. N. *Coleção retratos do Brasil negro*. São Paulo: Selo Negro, 2009.

ALMEIDA, S. *Racismo Estrutural*. Feminismo Plurais. Coordenação Djamila Ribeiro. São Paulo: Jandaia, 2021.

ANDRADE, M. *Macunaíma*. Rio de Janeiro: Nova Fronteira, 2015.

ANESAKI, M. [1945]. *Mitologia Japonesa*: Leyendas, mitos e folclore del Japón Antiguo. Amazônia Editora, 2015.

ARMONY, N. *O homem transicional*: Para além do neurótico e do Borderline. São Paulo: Zagodoni, 2013.

BORGES, R. *Sueli Carneiro*. Coleção retratos do Brasil negro. São Paulo: Selo Negro, 2009.

BULFINCH, T. *O livro de ouro da mitologia*. Rio de Janeiro: Ediouro, 2013.

CARNEIRO, E. A evolução dos estudos de folclore no Brasil. *Revista brasileira de folclore*, [s. l.], ano 2, n. 3, p. 47-63, set./dez. 1962.

CARVALHO, S. *A morte pode esperar?* Clínica psicanalítica do suicídio. Salvador: Associação Campo Psicanalítico, 2014.

CASADORE, M. *A escola húngara de psicanálise e a sua influência no movimento psicanalítico*. Londrina: Editora da Universidade Estadual de Londrina, 2016.

CASTRO, L. R. *O futuro da infância e outros escritos*. Rio de Janeiro: 7 Letras, 2013.

CASCUDO, Câmara. Da cultura popular. *Revista brasileira de folclore*, [s. l.], ano 1, n. 1, p. 5-14, set./dez. 1961.

COSTA, J. *O risco de cada um e outros ensaios de psicanálise e cultura*. Rio de Janeiro: Garamond, 2007.

CREMASCO, M.; BRUNHARI, V. Angústia e suicídio. *Revista Mal-estar e subjetividade*, Fortaleza, 2009.

CRIKA. Bumba-meu-boi: estória recontada por Crika. *Folha de S.Paulo*, São Paulo, 2015.

DEVULSKY, A. *Colorismo*. Feminismo Plurais. Coordenação Djamila Ribeiro. São Paulo: Jandaia, 2021.

DOLTO, F. *A causa das crianças*. São Paulo: Ideias & Letras, 2005.

DOHR, J. *As estruturas clínicas*. Rio de Janeiro: Editora Taurus, 1991.

DU BOIS, W. E. B. *The souls of black people*. Dover thrift edition. New York: Diver publications, 1994.

DURÃO, G. *Léopold Sédar Senghor:* uma narrativa sobre o movimento da negritude. Curitiba: Appris, 2020.

ESTERMANN, J. Colonialidad, descolonización e interculturalidad: Apuntes desde la Filosofía Intercultural. *Polis, Revista Latinoamericana, [s. l.]*, v. 13, n. 38, p. 347-368, 2014.

FAUSTINO, O. *Nei Lopes*. Coleção retratos do Brasil negro. São Paulo: Selo Negro, 2009.

FERENCZI, S. [1928a]. A adaptação da família à criança. *Ferenczi*: obras completas. Volume IV. São Paulo: Martins Fontes, 2011.

FERENCZI, S. [1928b]. *A elasticidade da técnica psicanalítica*. Obras Completas. Volume 4. São Paulo: Martins Fontes, 2011.

FERENCZI, S. [1929]. A criança Mal-acolhida e a pulsão de morte. *Ferenczi*: obras completas. Volume IV. São Paulo: Martins Fontes, 2011.

FERENCZI, S. [1930]. *Princípio do relaxamento e neocatarse*. Obras Completas. Volume 4. São Paulo: Martins Fontes, 2011.

FERENCZI, S. [1931]. *Análise de crianças com adultos*. Volume IV. Obra completas de Sandor Ferenczi. São Paulo: Martins Fontes, 2011.

FERENCZI, S. [1933]. *Confusão de línguas entre adultos e crianças*. Obras Completas. Volume 4. São Paulo: Martins Fontes, 2011.

FERENCZI, S. Reflexões sobre o trauma. *Ferenczi*: obras completas. Volume IV. São Paulo: Martins Fontes, 2011.

FERGUSON, N. *A ascensão do dinheiro*: A história financeira do mundo. São Paulo: Editora Planeta, 2020.

FERREIRA, L. Apresentação. *O folclore do negro do Brasil*: demopsicologia e psicanálise. São Paulo: Martins Fontes, 2011.

FRANTZ, F. *Pele negra, máscaras brancas*. Bahia: Edufba, 2008.

FRANTZ, F. *Alienação e liberdade*: Escritos psiquiátricos. Coleção explosante. São Paulo: Ubu Editora, 2020.

FREUD, S. *Carta 72*. [1897]. Edição Standart Edition das obras psicológicas completas de Sigmund Freud. Volume I. Publicações pré-psicanalíticas e esboços inéditos. Rio de Janeiro: Imago, 1996.

FREUD, S.; BREUDER, J. [1895]. *Estudos sobre histeria*. Edição Standart Edition das obras psicológicas completas de Sigmund Freud. Volume II. Estudos sobre histeria. Rio de Janeiro: Imago, 1996.

FREUD, S. [1899]. *Lembranças encobridoras*. Edição Standart Edition das obras psicológicas completas de Sigmund Freud. Volume III. Primeiras publicações psicanalíticas. Rio de Janeiro: Imago, 1996.

FREUD, S. [1900a]. *A interpretação dos sonhos- Parte II*. Edição Standart Edition das obras psicológicas completas de Sigmund Freud. Volume V. Estudos sobre histeria. Rio de Janeiro: Imago, 1996.

FREUD, S. [1900b]. O sonho é a realização de um desejo. *A interpretação dos sonhos*. Volume IV. Edição Standart Brasileira das Obras psicológicas completas de Sigmund Freud. Rio de Janeiro: Imago, 1996.

FREUD, S. [1900c]. Sonhos típicos. *A interpretação dos sonhos*. Volume IV. Edição Standart Brasileira das Obras psicológicas completas de Sigmund Freud. Rio de Janeiro: Imago, 1996.

FREUD, S. [1900d]. A distorção dos sonhos. *A interpretação dos sonhos*. Volume III. Edição Standart edition das obras psicológicas completas de Sigmund Freud. Rio de Janeiro: Imago, 1996.

FREUD, S. [1901]. *Psicopatologia da vida cotidiana*. Psicopatologia da vida coditiana. Volume VI. Edição Standart edition das obras psicológicas completas de Sigmund Freud. Rio de Janeiro: Imago, 1996.

FREUD, S. [1905a]. *Sobre psicoterapia*. Edição Standart Edition das obras psicológicas completas de Sigmund Freud. Volume VII. Um caso de histeria e três ensaios sobre a sexualidade. Rio de Janeiro: Imago, 1996.

FREUD, S. [1905b]. *Os chistes e sua relação com o inconsciente*. Edição Standart Edition das obras psicológicas completas de Sigmund Freud. Volume VIII. Um caso de histeria e três ensaios sobre a sexualidade. Rio de Janeiro: Imago, 1996.

FREUD, S. [1905c]. *Tratamento anímico*. Edição Standart Edition das obras Psicológicas completas de Sigmund Freud. Rio de Janeiro: Imago, 1996.

FREUD, S. [1907a]. *Delírios e sonhos na Gradiva de Jensen*. Delírios e sonhos na Gradiva de Jensen. Volume IX. Edição Standart Brasileira das Obras psicológicas completas de Sigmund Freud. Rio de Janeiro: Imago, 1996.

FREUD, S. [1907b]. *Atos obsessivos e práticas religiosas*. Delírios e sonhos da Gradiva de Jensen. Volume IX. Edição Standart Edition das obras psicológicas completas de Sigmund Freud. Rio de Janeiro: Imago, 1996.

FREUD, S. [1908]. *Moral sexual civilizada e doença nervosa moderna*. Delírios e sonhos na gradiva de gensen. Volume IX. Edição Standart edition das obras psicológicas completas de Sigmund Freud. Rio de Janeiro: Imago, 1996.

FREUD, S. [1909]. *Notas sobre um caso de neurose obsessiva*. Análise de uma fobia de um menino de cinco anos. Volume X. Edição Standart Edition das obras psicológicas completas de Sigmund Freud. Rio de Janeiro: Imago, 1996.

FREUD, S. [1910a]. *Cinco Lições de Psicanálise*. Edição Standart Edition das obras psicológicas completas de Sigmund Freud. Volume XI. Cinco lições de Psicanálise, Leonardo Da Vinci e outros trabalhos. Rio de Janeiro: Imago, 1996.

FREUD, S. [1910b]. *Um tipo especial de escolha de objeto feita pelos homens*. Cinco Lições de Psicanálise. Volume XI. Edição Standart Brasileira das Obras psicológicas completas de Sigmund Freud. Rio de Janeiro: Imago, 1996.

FREUD, S. [1910c]. *A significação anti-tética das palavras primitivas*. Edição Standart Edition das obras Psicológicas completas de Sigmund Freud. Rio de Janeiro: Imago, 1996.

FREUD, S. [1911]. *Notas psicanalíticas sobre um relato autobiográfico de um caso de paranóia*. O caso de Schreber e artigos sobre técnica. Volume XII. Edição Standart edition das obras psicológicas completas de Sigmund Freud. Rio de Janeiro: Imago, 1996.

FREUD, S. [1911b]. *Formulações sobre os dois princípios do funcionamento mental.* O caso Schreber e artigos sobre técnica. Volume XII. Edição Standart edition das obras psicológicas completas de Sigmund Freud. Rio de Janeiro: Imago, 1996.

FREUD, S. [1912]. *A dinâmica da transferência.* O caso Schreber e artigo sobre técnica. Volume XII. Edição Standart Brasileira das Obras psicológicas completas de Sigmund Freud. Rio de Janeiro: Imago, 1996.

FREUD, S. [1913]. *Totem e tabu.* Totem e tabu. Volume XIII. Edição Standart Brasileira das Obras psicológicas completas de Sigmund Freud. Rio de Janeiro: Imago, 1996.

FREUD, S. [1914a]. *Sobre o narcisismo: uma introdução.* Edição Standart Edition das obras psicológicas completas de Sigmund Freud. Volume XIC. A história do movimento psicanalítico, Artigos sobre a metapsicologia e outros trabalhos (1914-1916). Rio de Janeiro: Imago, 1996.

FREUD, S. [1914b]. *Repetir, recordar e elaborar.* Edição Standart Edition das obras psicológicas completas de Sigmund Freud. Volume XII. A história do movimento psicanalítico, Artigos sobre a metapsicologia e outros trabalhos (1914-1916). Rio de Janeiro: Imago, 1996.

FREUD, S. [1915a]. *Observações sobre o amor transferencial.* Edição Standart Edition das obras psicológicas completas de Sigmund Freud. Volume XII. A história do movimento psicanalítico, Artigos sobre a metapsicologia e outros trabalhos (1914-1916). Rio de Janeiro: Imago, 1996.

FREUD, S. [1915b]. *Os instintos e suas vicissitudes.* A história do movimento psicanalítico. Volume XIV. Edição Standart edition das obras psicológicas completas de Sigmund Freud. Rio de Janeiro: Imago, 1996.

FREUD, S. [1916a]. *Teoria Geral das neuroses.* Edição Standart Edition das obras psicológicas completas de Sigmund Freud. Volume XVI. Conferências Introdutórias sobre a psicanálise – Parte III (1915-1916). Rio de Janeiro: Imago, 1996.

FREUD, S. [1916b]. *O desenvolvimento da libido e as organizações sexuais.* Edição Standart Edition das obras psicológicas completas de Sigmund Freud. Volume XVI. Conferências Introdutórias sobre a psicanálise – Parte III (1915-1916). Rio de Janeiro: Imago, 1996.

FREUD, S. [1916]. *O sentido dos sintomas*. Edição Standart Edition das obras psicológicas completas de Sigmund Freud. Volume XVI. Conferências Introdutórias sobre a psicanálise – Parte III (1915-1916). Rio de Janeiro: Imago, 1996b.

FREUD, S. [1916c]. *O sentido dos sintomas*. Conferências introdutórias sobre a Psicanálise. Volume XVI. Edição Standart Brasileira das Obras psicológicas completas de Sigmund Freud. Rio de Janeiro: Imago, 1996.

FREUD, S. [1916d]. *Conferências introdutórias sobre a psicanálise. In:* Conferências introdutórias sobre a Psicanálise (Parte III). Edição Standart Brasileira das Obras psicológicas completas de Sigmund Freud. Rio de Janeiro: Imago, 1996.

FREUD, S. [1917]. *Luto e Melancolia*. A história do Movimento psicanalítico. Volume XIV. Edição Standart edition das obras psicológicas completas de Sigmund Freud. Rio de Janeiro: Imago, 1996.

FREUD, S. [1917b]. *Um percalço no caminho da psicanálise*. História de uma neurose infantil. Volume XVII. Edição Standart edition das obras psicológicas completas de Sigmund Freud. Rio de Janeiro: Imago, 1996.

FREUD, S. [1921]. *Psicologia de Grupo e a Análise do ego*. Além do princípio do prazer. Volume XVIII. Edição Standart Edition das Obras Psicológicas completas de Sigmund Freud. Rio de janeiro: Imago, 1996.

FREUD, S. [1920a]. *A Psicogênese de um caso de homossexualismo numa mulher*. Além do princípio do prazer. Volume XVIII. Edição Standart Edition das Obras Psicológicas completas de Sigmund Freud. Rio de janeiro: Imago, 1996.

FREUD, S. [1920b]. *Além do princípio do prazer*. Volume XVIII. Edição Standart Edition das obras psicológicas completas de Sigmund Freud. Rio de Janeiro: Imago, 1996.

FREUD, S. [1921]. *Psicologia de Massas e análise do ego*. Edição Standart Edition das obras psicológicas completas de Sigmund Freud. Volume XVII. Psicologias de massas e outros trabalhos. Rio de Janeiro: Imago, 1996.

FREUD, S. [1923a]. *O ego e o id*. O ego e o Id. Edição Standart Brasileira das Obras psicológicas completas de Sigmund Freud. Rio de Janeiro: Imago, 1996.

FREUD, S. [1923b]. *A organização genital infantil:* uma interpolação na teoria da sexualidade. O ego e o Id. Edição Standart Brasileira das Obras psicológicas completas de Sigmund Freud. Rio de Janeiro: Imago, 1996.

FREUD, S. [1923b]. *Uma neurose demoníaca do século XVII*. O ego e o Id. Edição Standart Brasileira das Obras psicológicas completas de Sigmund Freud. Rio de Janeiro: Imago, 1996.

FREUD, S. [1924a]. *A perda de realidade na neurose e na psicose*. Edição Standart Edition das obras psicológicas completas de Sigmund Freud. Volume XIX. O ego e o id. Rio de Janeiro: Imago, 1996a.

FREUD, S. [1924b]. *Neurose e psicose*. O ego e o id. Volume XIX. Edição Standart edition das obras psicológicas completas de Sigmund Freud. Rio de Janeiro: Imago, 1996.

FREUD, S. [1925]. *Algumas consequências psíquicas da distinção anatômica entre os sexos*. O ego e o id. Volume XIX. Edição Standart Brasileira das Obras psicológicas completas de Sigmund Freud. Rio de Janeiro: Imago, 1996.

FREUD, S. [1926a]. *A questão da análise leiga*. Edição Standart Edition das obras psicológicas completas de Sigmund Freud. Volume XX. Um estudo autobiográfico. Rio de Janeiro: Imago, 1996.

FREUD, S. [1927a]. *O fetichismo*. Edição Standart Edition das obras psicológicas completas de Sigmund Freud. Volume XXI. O futuro de uma ilusão, Mal-estar na civilização e outros trabalhos. Rio de Janeiro: Imago, 1996.

FREUD, S. [1927b]. *O futuro de uma ilusão*. O futuro de uma ilusão, Mal-estar na civilização e outros trabalhos. Volume XXII. Edição Standart Edition das obras psicológicas completas de Sigmund Freud. Rio de Janeiro: Imago, 1996.

FREUD, S. [1930]. *O mal-estar na civilização*. O futuro de uma ilusão, O mal-estar na civilização e outros. Volume XIV. Edição Standart edition das obras psicológicas completas de Sigmund Freud. Rio de Janeiro: Imago, 1996.

FREUD, S. [1937]. *Construções em análise*. Moisés e o monoteísmo, Esboço de psicanálise e outros trabalho. Volume XXIII. Edição Standart edition das obras psicológicas completas de Sigmund Freud. Rio de Janeiro: Imago, 1996.

FULGÊNCIO, L. A noção de trauma em Freud e Winnicott. *Revista Natureza Humana*, [s. l.], v. 6, n. 2, dez. 2004.

GALEANO, E. *As veias abertas da América Latina*. Tradução de Sergio Faraco. Porto Alegre: L&PM, 2018.

GONZALES, L. *Por um feminismo afro-latino-americano*. Rio de Janeiro: Zahar, 2020.

HADDAD, G. *O dia em que Lacan me adotou:* minha análise com Lacan. Rio de Janeiro: Companhia de Freud, 2004.

HERZOG, R; PACHECO, F. Trauma e pulsão de morte em Ferenczi. *Revista Ágora,* Rio de Janeiro, 2015.

HOLLANDA, S. [1936]. *Raízes do Brasil.* São Paulo: Companhia das Letras, 2014.

KLEIN, M. [1927]. *Tendências criminosas em crianças normais.* Amor, culpa e reparação e outros trabalhos (1921-1945). Obras completas de Melanie Klein. Volume I. Rio de Janeiro: Imago, 1996.

KLEIN, M. [1937]. *Amor culpa e reparação.* I: Amor, culpa e reparação. Rio de Janeiro: Imago, 1996.

KUPERMANN, D. *Transferências cruzadas*: Uma história de psicanálise e suas instituições. São Paulo: Escuta, 2014.

KUPERMANN, D. *Presença sensível:* cuidado e criação na clínica psicanalítica. Rio de Janeiro: Civilização Brasileira, 2008.

KUPERMANN, D. *Por que Ferenczi?* São Paulo: Zagodoni, 2019.

KUPERMANN, D.; OSMO, A. Confusão de línguas: trauma e hospitalidade em Sandor Ferenczi. *Revista Psicologia em Estudo, [s. l.],* v. 17, n. 2, jun. 2012.

LACAN, J. *A tópica do imaginário.* O Seminário, Livro 01: Os escritos técnicos de Freud. Rio de Janeiro: Zahar, 2009.

LACAN, J. *A carta roubada.* O seminário, Livro 02: O eu na teoria de Freud e na técnica da psicanálise. Rio de Janeiro: Zahar, 2010.

LACAN, J. *O seminário, Livro 03:* As psicoses. Rio de Janeiro: Zahar, 1988.

LACAN, J. O *Seminário, Livro 04*: A relação de objeto. Rio de Janeiro: Zahar, 1995a.

LACAN, J. *A função do véu.* O seminário, Livro 4: As relações de objeto. Rio de Janeiro: Jorge Zahar, 1997 [2010a].

LACAN, J. *As insígnias do ideal do eu.* O seminário, Livro 05: As formações do inconsciente. Rio de Janeiro: Zahar, 2010.

LACAN, J. *O seminário, Livro 5:* As formações do inconsciente. Rio de Janeiro: Zahar, 1999a.

LACAN, J. *As insígnias do ideal.* O seminário, Livro 05: As formações do inconsciente. Rio de Janeiro: Zahar, 1999b.

LACAN, J. *O seminário, Livro 7:* A ética da psicanálise. Rio de Janeiro: Jorge Zahar, 2008.

LACAN, J. *O seminário, livro 10, A angústia.* Rio de Janeiro: Zahar, 2005.

LACAN, J. *O seminário, Livro 23*: O Sinthoma. Rio de Janeiro: Zahar, 2007.

LACAN, J. *Escritos.* Rio de Janeiro: Zahar, 1998c.

LACAN, J. *O estágio do espelho como formador da função do eu.* Escritos. Rio de Janeiro: Zahar, 2010.

MALDONADO-TORREZ, N. Sobre la colonialidad del ser: contribuciones al desarrollo de un concepto. *In:* CASTRO-GOMEZ, S.; GROSFOGUEL, R. *El giro decolonial*: reflexiones para una diversidade epistémica mas allá del capitalismo global. Bogotá: Siglo del Hombre Edit, 2007.

MIJOLLA, S. (org.). Fetichismo. *Dicionário Internacional de Psicanálise – Parte 1.* Rio de Janeiro: Imago, 2005a.

MIJOLLA, S. (org.). Totem e tabu. *Dicionário Internacional de Psicanálise – Parte 2.* Rio de Janeiro: Imago, 2005b.

MIGNOLO, W. D. *Histórias Locais / Projetos Globais*: colonialidade, saberes subalternos e pensamento liminar. Belo Horizonte: Editora UFMG, 2003.

MOURA, C. *O negro:* de bom escravo a mau cidadão? São Paulo: Editora Dandara, 2021.

MOURA, C. *Dicionário da escravidão negra no Brasil.* São Paulo: Editora da Universidade de São Paulo, 2013.

MOURA, C. *Rebeliões da senzala*: Quilombos, insurreições, guerrilhas. São Paulo: Anita Garibaldi, 2020.

NANDY, A. *Reconstruindo a infância*: uma crítica à ideologia da idade adulta. Belo Horizonte: Editora UFMG, 2015.

NASCIMENTO, A. *O Quilombismo*: documentos de uma militância pan-africanista. Rio de Janeiro: Ipeafro, 2019.

PAIVA, A. *Sobre o conceito de repetição em Freud*. 2019. Dissertação (Mestrado em Ciências Humanas) – Universidade Federal do Paraná, Curitiba, 2019.

PLASTINO, C. *Vida, criatividade e sentido no pensamento de Winnicott*. Rio de Janeiro: Garamond, 2013.

PRADO, P. *O retrato do Brasil:* um ensaio sobre a tristeza brasileira. São Paulo: Companhia das Letras, 2011.

PRANDI, R. *Mitologia dos orixás*. São Paulo: Companhia das Letras, 2015.

QUIJANO, A. *Colonialidade do poder, Eurocentrismo e América Latina*. Buenos Aires: CLACSO, 2005.

RIBEIRO, D. *O povo brasileiro:* A formação e o sentido do Brasil. São Paulo: Global Editora, 2005.

RIBEIRO, D. *Configurações histórico-culturais dos povos americanos*. São Paulo: Global Editora, 2016.

RAMOS, A. *Estudos de FolK-Lore*. Rio de Janeiro: Editora Casa do Estudante, 1950.

RAMOS, A. [1935]. *O folclore negro do Brasil:* Demopsicologia e psicanálise. São Paulo: Martins Fontes, 2007.

RANK, O. *El mito del Nacimiento del heroe*. Buenos Aires: Ediciones Paidos, 1981.

RATTS, A.; RIOS, F. *Lélia Gonzales*. Coleção retratos do Brasil negro. São Paulo: Selo Negro, 2009.

RUDGE, M. A. Sonhos traumáticos na clínica psicanalítica. *Revista latino-americana de psicopatologia fundamental*, [s. l.], ano 19, v. 4, dez./out. 2016.

RIBEIRO, M. O folclore no ensino primário. *Revista brasileira de folclore*, [s. l.], ano 2, n. 3, p. 91-113, set./dez. 1962.

SADE, M. *O corno de si mesmo*. O corno de si mesmo e outros contos. São Paulo: Hedra, 2009.

SHAKESPEARE, W. *Hamlet*. Clássicos Abril Coleções. Hamlet, Rei Lear, Macbeth. São Paulo: Abril, v. 10, 2010.

SOARES, A. L. *Revista brasileira de Folclore:* intelectuais folclore e políticas culturais (1961-1976). 2010. Dissertação (Mestrado em História) – Pontifícia Universidade católica do Rio de Janeiro. Rio de Janeiro, Departamento de História, 2010.

SOFOCLES. *O rei édipo*. Rio de Janeiro: Difel, 2005.

UCHITEL, M. *Neurose Traumática*: uma revisão crítica do conceito de trauma. Coleção clínica psicanalítica. São Paulo: Casa do Psicólogo, 2001.

VELOSO, C. *Desde que o samba é samba*. Tropicália 2. Gravadora Phillips, 1993.

VIVIANE, A. Considerações sobre o dinheiro na psicanálise. *Revista Ide*, São Paulo, v. 37, 2014.

XENOFONTE. *Ditos e feitos memoráveis de Sócrates*. Coleção os pensadores: Sócrates. São Paulo: Abril Cultural, 1999.

WINNICOTT, D. *Os bebês e suas mães*. São Paulo: Martins Fontes, 2013.

WINNICOTT, D. [1961a]. *Tipos de psicoterapia*. Tudo começa em casa. São Paulo: Martins Fontes, 2011.

WINNICOTT, D. [1961b]. *A delinquência com sinal esperança*. Tudo começa em casa. São Paulo: Martins Fontes, 1989.

WINNICOTT, D. [1963]. *Da dependência à independência no desenvolvimento do indivíduo*. O ambiente e os processos de maturação: estudos sobre a teoria do desenvolvimento emocional. Porto Alegre: Artmed, 1989.

WINNICOTT, D. [1963a]. *Distorção do ego em termos de falso e verdadeiro self*. O ambiente e os processos de maturação: estudos sobre a teoria do desenvolvimento emocional. Porto Alegre: Artmed, 1989.

WINNICOTT, D. *The use of an object and relating through identifications*. Playing and reality. London: Tavistock publications, 1992. First published in 1971a.

WINNICOTT, D. *Mirror-role of mother and family in Child Development*. Playing and Reality. London: New fetter lane, 1971b.

WINNICOTT, D. *Interrelating apart from instinctual drive and in terms of Cross-identifications*. Playing and Reality. London: New fetter lane, 1971c.

WINNICOTT, D. *The location of cultural experience*. Playing and Reality. London: New fetter lane, 1971d.

WINNICOTT, D. *O brincar e a realidade*. Rio de Janeiro: Imago, 1985a.

WINNICOTT, D. *A função da mãe como espelho*. O brincar e a realidade. Rio de Janeiro: Imago, 1985b.

WINNICOTT, D. *Privação e delinquência*. São Paulo: Editora Martins Fontes, 1984a. (Coleção textos de Psicologia)

WINNICOTT, D. [1984b]. *Alguns aspectos psicológicos da delinquência infantil.* Privação e delinquência. São Paulo: Martins Fontes, 2014.

WINNICOTT, D. *A natulreza humana*. Rio de Janeiro: Imago, 1990.

WINNICOTT. D. *Holding e interpretação*. São Paulo: Martins Fontes, 2010.

ZORNIG, S. *A criança e o infantil em psicanálise*. Coleção psicanálise de criança. São Paulo: Escuta, 2008.